CAVALGANDO PELA LIBERDADE

> *Mais do que um relato da ascensão de Eurico Rosa da Silva à fama internacional no mundo das corridas de cavalos puros-sangues, esta é também a história da sua fuga de uma batalha letal contra a raiva profunda que às vezes ameaçava prejudicar não apenas sua carreira, mas também sua vida.*

CAVALGANDO PELA LIBERDADE

*Um jóquei campeão venceu algumas
das maiores corridas do mundo.
Mas, longe das pistas,
ele estava correndo para salvar sua vida.*

EURICO ROSA DA SILVA

INSÍGNIA

Para Aparecida e Orlaith

Copyright @ 2021 Eurico Rosa da Silva
Copyright @ 2021 INSIGNIA EDITORIAL LTDA

Todos os direitos reservados. Nenhuma parte desta publicação pode ser reproduzida ou transmitida de qualquer forma ou por qualquer meio — gráfico, eletrônico ou mecânico, incluindo fotocópia, gravação ou outros — sem o consentimento prévio por escrito da editora.

COORDENAÇÃO EDITORIAL: Felipe Colbert

REVISÃO: Mari Vieira

DESIGN & PRODUÇÃO: PageWave Graphics Inc./Equipe Insígnia

FOTOGRAFIA DA CAPA: Kevin Diamond

FOTOGRAFIAS DAS DOBRAS: Dave Landry

FOTOGRAFIAS INTERNAS: Kevin Diamond (página 6), Dave Landry (páginas 10 e 110), Porfirio Menezes (páginas 34, 54 e 82), Keith McCalmont (página 128), Elisabeth Brown (página 172), e coleção particular de Eurico Rosa da Silva (páginas 14 e 176).

Embora o autor tenha pesquisado exaustivamente todas as fontes para garantir a precisão e integridade das informações contidas neste livro, não assumimos qualquer responsabilidade por erros, imprecisões, omissões ou quaisquer inconsistências aqui contidas. Qualquer desconsideração por parte das pessoas ou organizações relacionadas não foi intencional.

FOTOGRAFIA DA CAPA: Eurico montando Aronia.
FOTOGRAFIA DA QUARTA CAPA: Eurico encontra a Rainha Elizabeth II em Woodbine depois de montar Big Red Mike em sua segunda vitória consecutiva da Queen's Plate, com Dom Romeo, dono do Big Red Mike.

Publicado por Insígnia Editorial
www.insigniaeditorial.com.br

```
     Dados Internacionais de Catalogação na Publicação (CIP)
             (Câmara Brasileira do Livro, SP, Brasil)

     Silva, Eurico Rosa da
        Cavalgando pela liberdade / Eurico Rosa da Silva ;
     tradução Felipe Colbert. -- 1. ed. -- São Paulo :
     Insignia Editorial, 2021.

        Título original: Riding for Freedom
        ISBN 978-65-994042-0-7

        1. Atleta profissional 2. Carreira profissional
     3. Corridas de cavalos 4. Empreendedorismo
     5. Jóqueis - Biografia 6. Silva, Eurico Rosa da,
     1975- 7. Superação - Histórias de vida I. Título.

     21-58570                              CDD-927.984
     ─────────────────────────────────────────────────────
              Índices para catálogo sistemático:

        1. Jóqueis : Atlétas : Biografia   927.984

     Maria Alice Ferreira - Bibliotecária - CRB-8/7964
```

SUMÁRIO

INTRODUÇÃO 7

PRÓLOGO 11

CAPÍTULO UM 15

CAPÍTULO DOIS 35

CAPÍTULO TRÊS 55

CAPÍTULO QUATRO 83

CAPÍTULO CINCO 111

CAPÍTULO SEIS 129

EPÍLOGO 173

Eurico Rosa da Silva

INTRODUÇÃO

Quando um amigo em comum me apresentou a Eurico Rosa da Silva, a princípio me perguntei se eu era a pessoa certa para ajudá-lo com este livro. Eu sabia pouco sobre cavalos e quase nada sobre corridas de raça puro-sangue, e nunca havia conhecido um jóquei. Quando Eurico me disse o que queria fazer, porém, eu decidi auxiliá-lo.

A história que ele queria contar ia muito além da sua notável carreira como jóquei. Você pode encontrar os destaques dessa carreira com uma pesquisa rápida no Google: clipes de vídeo das suas corridas, suas vitórias no *Queen's Plate*, *Sovereign Awards*, ganhos totais de mais de US$ 120 milhões. Mas nada disso te dará uma noção do homem que alcançou todas essas conquistas. Você não encontrará nenhuma referência aos eventos da sua infância que moldaram a sua vida, nenhuma menção à tristeza que o seguiu mesmo quando ergueu os braços em triunfo, nenhum indício da sua excepcional generosidade e gentileza que influenciaram seu comportamento mesmo quando ele suportou seus momentos mais difíceis. Essa é a história que Eurico queria contar.

Ao longo dos anos, entrevistei e escrevi sobre alguns atletas excepcionais. A maioria deles fala longamente sobre os seus momentos de glória, mas poucos comentam sobre as dúvidas, inseguranças, segundas intenções, deficiências, autorrecriminações e conflitos emocionais que os tornam humanos.

Eurico é diferente. Ele não é apenas uma pessoa modesta, mas também sabe que nossos maiores desafios e realizações mais significativas costumam ocorrer dentro de nós. Dados seu recorde de temporadas de campeonatos, vitórias em corridas de alto risco e ganhos multimilionários, Eurico poderia ter conversado comigo por horas sobre sua carreira como jóquei. Mas ele tinha algo muito mais atraente em sua mente. E quando ele começou a me narrar a história da sua vida, percebi que suas maiores vitórias pouco tinham a ver com corridas de cavalos.

A história que você lerá neste livro é a história que Eurico me contou, como ele decidiu contar. Nós nos encontrávamos uma vez por semana em sua casa em Campbellville, Ontário, falávamos frequentemente pelo telefone ou pelo aplicativo *Zoom*, e trocávamos uma enxurrada de e-mails enquanto eu escrevia cada capítulo. Ao final de cada sessão, Eurico me dizia que o próximo capítulo seria ainda melhor. Ao terminar de escrever cada um deles, lia em voz alta para minha esposa, que ouvia em silêncio e, então, quando eu terminava, ela me perguntava o que aconteceria a seguir. "Não sei", dizia eu, "mas Eurico me falou que vai ser ainda melhor que este."

Eurico é o único atleta que me fez perguntas sobre minha própria vida. Descobrimos algumas semelhanças em nossas experiências e uma apreciação mútua dos desafios que todos nós enfrentamos para identificar, articular e superar as forças poderosas que influenciam nosso comportamento e sabotam nossas melhores intenções. Como você encontrará nos primeiros capítulos deste livro, essas forças podem ser aparentes para os outros enquanto permanecem bem escondidas da pessoa que está sofrendo sua influência. É preciso fé, perseverança, determinação, paciência e força de vontade para iluminá-las e neutralizar seu poder.

Como jóquei, Eurico sagrou-se campeão ainda muito jovem. Ele levou muito mais tempo para se tornar um campeão de coração e alma. Tenho orgulho de conhecê-lo e gratidão por ter confiado em mim para contar essa história.

— Bruce McDougall

Vencendo o Woodbine Mile 2019: Eurico no cavalo El Tormenta

PRÓLOGO

Vestido com as cores vermelho e dourado de Sam-Son Farm, um estábulo de corridas de puros-sangues no Canadá, Eurico Rosa da Silva guiou seu cavalo El Tormenta até o partidor para a trigésima corrida do *Woodbine Mile*, em Toronto. Era um pouco antes das seis horas de uma tarde ensolarada de setembro de 2019. El Tormenta era um azarão, competindo por uma parte da bolsa de um milhão de dólares contra outros dez cavalos, com chances de 44-1.

Eurico havia montado com frequência para o dono do El Tormenta e para Gail Cox, que havia treinado o animal de quatro anos. Ele conhecia o cavalo e, apesar do recorde medíocre ao longo do ano, sabia que tinha espírito de vencedor. O trabalho de Eurico não era apenas montar El Tormenta, mas também trazer à tona o melhor que o animal podia oferecer.

"Quando estávamos nos movendo para o partidor, percebi que ele olhava para os outros cavalos", diz Eurico, "da mesma forma que um boxeador tenta intimidar seu oponente antes de entrar no ringue."

Assim que chegaram ao partidor, El Tormenta virou a cabeça e olhou para Eurico, como se dissesse "eu vou ganhar isso", ele se lembra.

Depois da largada, El Tormenta se juntou a outros três

cavalos atrás dos líderes. Ele estava correndo próximo à cerca, leve por cima da relva, a quase 65 km/h, com o focinho balançando a apenas alguns centímetros da cauda do cavalo à sua frente. Eurico abaixou nos estribos e o incentivou a seguir em frente. Torrões de grama voaram como mísseis de terra passando por cima do seu capacete. Suas botas pretas polidas resvalaram nas botas do jóquei ao lado dele.

Com seus cavalos devorando a distância a cada passada poderosa, os jóqueis não cederam um centímetro. El Tormenta permaneceu imprensado contra a cerca. Mas quando eles entraram na reta final, uma abertura estreita surgiu entre os líderes. Eurico incitou o cavalo a entrar nela. Agora, El Tormenta estava lado a lado com o favorito Got Stormy. Os dois cavalos corriam pescoço a pescoço à frente dos outros. Com as mãos batendo nas ancas suadas do seu grande cavalo, Eurico se inclinou para frente até que pôde sentir sua própria respiração contra o pescoço do animal. El Tormenta ergueu a cabeça e tomou a frente, avançando o suficiente para que o focinho de Got Stormy soprasse contra as botas de Eurico, e foi assim que eles cruzaram a linha de chegada.

A recompensa de 44 vezes o valor da aposta de El Tormenta foi a maior da história do *Woodbine Mile* e rendeu ao cavalo uma vaga na *Breeders' Cup Mile 2019* em Santa Anita Park, na Califórnia, em novembro. Para Eurico, foi a última pena em um glorioso chapéu de vitórias que incluiu dois *Queen's Plates*, sete *Sovereign Awards* como Jóquei de Destaque do Canadá e uma vitória no *World All-Star Jockeys Challenge* no Japão, contra os principais jóqueis do mundo. Quando Eurico se aposentou no final do ano, ele havia vencido 2.942 das mais de 15.000 corridas em sua carreira, e para os proprietários dos seus cavalos, ele havia ganhado mais de US$ 120 milhões.

Em suas 16 temporadas em Woodbine, Eurico conquistou a reputação de jóquei implacável, intensamente focado e bem-humorado. "Ele é agradável. Está feliz o tempo todo. É fácil trabalhar com ele", disse seu agente, Don Parente. "Eu trabalho com Eurico há três anos e acho que ele nunca levantou a voz. Nada o incomoda."

Mesmo entre as pessoas que o conheciam melhor, poucos suspeitavam que Eurico havia superado um desafio muito maior em sua carreira do que vencer milhares de corridas de cavalos. Ele estava engajado, desde a infância, em uma luta muito mais letal contra a raiva profunda que às vezes atrapalhava não apenas sua carreira, mas também sua vida.

"Isso me consumiu", diz ele, "a negatividade e suas energias. Foi horrível. Eu estava mal e não conseguia me livrar. Era um ciclo vicioso."

Mais do que um relato da ascensão de Eurico à fama internacional no mundo das corridas de cavalos puros-sangues, esta é também a história da sua fuga desse ciclo vicioso. Desde seu nascimento e primeiros anos em uma pequena comunidade agrícola no Brasil, este livro descreve sua ascensão aos mais altos escalões da sua profissão atlética. Também expõe sua luta para curar as cicatrizes emocionais deixadas por um pai ausente e negligente, e sua vitória sobre os demônios que às vezes ameaçaram acabar com sua vida.

Fazenda de pinheiros em Buri, São Paulo: mãe de Eurico, Aparecida

CAPÍTULO UM

Se você dirigir para o oeste de São Paulo por cerca de três horas e meia, por uma rede de estradas de duas pistas que serpenteiam entre campos de feijões, plantações de batatas e bosques de pinheiros, você acabará por chegar a uma pequena cidade agrícola empoeirada chamada Buri. Com mais de 22 milhões de habitantes, São Paulo é a maior cidade do hemisfério oeste e a maior cidade de língua portuguesa do mundo. Buri tem uma população de cerca de 20.000 habitantes. Dos 645 municípios paulistas, está entre os 10 mais pobres.

Para entretenimento, os cidadãos de Buri têm um número limitado de opções. Restaurantes e bares servem picanha grelhada e feijoada, além de cervejas populares como Brahma, Antarctica e Skol. No Parque do Tubarão, você pode caminhar por um quilômetro ao redor do perímetro da lagoa artificial, participar de uma partida de futebol ou levar as crianças por uma ponte de metal até um tubarão azul gigante que fica na lagoa como um concreto pré-histórico.

Aos fins de semana, você pode assistir a uma corrida de cavalos na pista local. Como acontece em outras cidades do país, as corridas de cavalos atraem um público entusiasmado em Buri. Nos últimos anos a popularidade do esporte diminuiu, mas pistas mais conhecidas como o Hipódromo da Gávea no Rio de Janeiro ainda podem acomodar 80.000 espectadores para assistir a tormenta de puros-sangues por mais de dois minutos em uma pista de 2.400 metros. Em Buri, os fãs de corridas alimentam seu apetite pela competição equina assistindo cavalos de raça quarto de milha em disparada por menos de 19 segundos em uma pista reta de 300 metros na orla da cidade, e que termina em uma descida íngreme cheia de arbustos.

A pista não existia em 1975, e o tubarão de concreto azul ainda não havia sido instalado no parque quando um menino de quase dois quilos chamado Eurico Rosa da Silva nasceu no hospital de Itapeva, a 50 quilômetros de distância. Mas ninguém da família de Eurico dava muita atenção às corridas de cavalos ou aos bares e restaurantes da cidade, pois sua mãe, pai e avós pertenciam à Igreja Apostólica da Santa Vó Rosa, cujos 45.000 membros tratam jogos de azar, cerveja, música, televisão, filmes e praticamente qualquer outra forma de entretenimento como uma tentação do diabo. O mesmo ocorre com as saias que expõem os joelhos de uma mulher e as joias dos homens. Nem as mulheres na igreja têm permissão para cortar o cabelo.

A igreja foi fundada em 1954 por três renegados de uma missão americana em São Paulo, um dos quais, Rosa Bertoni, se declarou profetisa e adotou o título de Santa Vó Rosa. Com base nas visões de Rosa, os fundadores da igreja escreveram livros com títulos como *O Evangelho do Reino de Deus* e *O Consolador no Fim dos Tempos*, que explicam as doutrinas da igreja. Eles também escreveram vários hinos com títulos como "Louvor à Santa Vó Rosa" e "A Bênção da Santa Vó Rosa". Visto que a doutrina da igreja afirma que todas as outras músicas desviam os ouvidos dos fiéis da palavra de Deus, essas são as únicas permitidas aos seus membros.

Os avós de Eurico frequentavam a igreja regularmente, e foi lá que os pais de Eurico se conheceram. Nenhum deles teve muita opção na escolha de um parceiro, já que a religião proíbe o casamento com membros de qualquer outra. Eles se casaram na igreja, em Buri, conforme prescrito pelos fundadores da religião. "O casamento deles foi a primeira vez que eles se sentaram juntos", diz Eurico.

Os pais de Eurico não eram casados há tanto tempo quando Rosa Bertoni morreu. Os líderes sobreviventes da igreja declararam que Deus a levou para o Céu, onde ela se sentou na sala celestial ao lado de Jesus. Agora ela era chamada de Rainha do Céu, embora os membros, em termos mais familiares com a profetisa, a chamem de "Santa Vó Rosa". De acordo com a doutrina da igreja, Jesus retornará com ela à Terra, onde julgarão o mundo. Mas somente os crentes na Santa Vó Rosa, que obedecem aos mandamentos revelados por ela, serão salvos.

De volta à terra, o sobrinho de Rosa, Aldo Bertoni, concessionário de automóveis em São Paulo, assumiu o cargo de diretor da igreja. Aldo teve sucesso em expandir a influência da igreja ainda mais no Brasil, em uma transmissão de rádio diária para todo o país chamada *A Hora Milagrosa*. A família de Eurico estava entre os ouvintes devotados. Mas em 2011, a sinceridade das convicções religiosas do irmão Aldo foi questionada quando autoridades de São Paulo o prenderam sob acusações de abuso e atentado violento ao pudor, afirmando que ele havia usado sua autoridade religiosa para abusar sexualmente de oito mulheres em um período de 20 anos. A essa altura, Aldo tinha 85 anos e Eurico Rosa da Silva já estava fora do Brasil há mais de 15 anos.

Como agricultores, os pais de Eurico, José Maria e Aparecida, trabalhavam em propriedades nos arredores de Buri em troca de uma casa modesta e um salário mínimo. Aparecida trabalhava muito, colhendo hortaliças nos campos, resina de pinheiros e limpando as casas dos seus patrões, mas José Maria era inconstante, preguiçoso, indigno de confiança e pouco cooperativo. Ele também trapaceava e furtava dos seus empregadores. Ao reabastecer os veículos dos seus patrões, ele pedia um recibo com um valor acima do que foi verdadeiramente gasto e embolsava a diferença quando seu empregador lhe dava o dinheiro para pagar a conta. Quando ele levava o leite do seu patrão para a leiteria, ele o diluía, pagando ao empregador pela quantidade original e mantendo o resto para si. Inevitavelmente, seus patrões descobriram seus truques. Quando o confrontavam, a família se mudava.

"Meu pai nunca trabalhou mais de dois anos com o mesmo empregador", diz Eurico. "Nós nos mudamos muito."

Eurico tinha três anos quando o irmão nasceu; sua irmã chegou um ano depois. Com dois bebês, seu pai passava menos tempo em casa e mais tempo na casa de outras mulheres. Ele não tinha carro próprio, mas usava um veículo agrícola para cumprir seus compromissos. Às vezes ele levava Eurico consigo, instruindo o menino a ficar no carro enquanto ele entrava. Com uma criança do lado de fora, o pai de Eurico podia conseguir o que queria sem se demorar muito. Observando do banco do carona quando o pai saía da casa, Eurico estudava o rosto da mulher na porta da frente que flertava com seu pai e lhe soprava beijos enquanto ele se afastava. "Eu sabia o que ele estava fazendo", diz ele.

Se Aparecida algum dia acusasse o marido de traição, José Maria se ajoelharia, juraria inocência e diria que tinha acabado de levar o filho mais velho para passear. Eurico dava a ele uma cobertura útil para seus ardis, mas também era uma testemunha dos encontros ilícitos do seu pai. Em particular, ele viu um encontro entre seu pai e sua babá, uma menina de 13 anos que morava perto, e escutou sua mãe dizer a José Maria, durante uma discussão, que a menina tinha ficado grávida, mas havia perdido o bebê. As memórias permaneceram na mente de Eurico por décadas. Durante esse período, ele se culpou pelo desaparecimento da babá da sua vida, presumindo que seu mau comportamento havia levado à ausência dela.

Com o passar do tempo, José Maria sentiu-se ameaçado pelo filho, temendo que o menino o denunciasse. Às vezes, ele levava Eurico para Buri e o deixava com os avós. A primeira vez que isso aconteceu, Eurico esperava que o pai retornasse e o carregasse de volta para casa. Quando ele não apareceu, Eurico começou a chorar. Afastou-se de casa, desceu a rua Antônio Felipe até o limite da cidade, onde ficou olhando os campos, na esperança de ver o pai. Seu avô o alcançou. "Seu pai não vai voltar", disse.

"Achei que meu pai não me quisesse mais", diz Eurico. "Achei que ele não gostasse de mim."

Uma hora, o pai de Eurico foi buscar seu filho e o levou para casa. Eurico sempre ficava feliz em vê-lo e se esforçava para obter a aprovação do seu pai. Mas, então, seu pai começou a levar Eurico para visitar um pai de santo que praticava feitiçaria em troca de um pequeno pagamento. Em uma sala escura perfumada com ervas e álcool, iluminada por três velas pretas, o pai de santo realizava rituais para prejudicar os inimigos de José Maria. Voltando para casa, seu pai advertia Eurico contra revelar seus segredos à mãe. "Ele dizia: 'Não brinque comigo, ou farei você andar de joelhos'." A primeira vez que isso aconteceu, Eurico tinha cinco anos.

Àquela altura, Eurico havia contraído uma asma tão grave que fora hospitalizado várias vezes. Internado em uma Unidade de Terapia Intensiva em Itapeva, ele se sentiu saindo do próprio corpo para ver uma enfermeira pairando sobre ele na cama, inserindo tubos de oxigênio em seu nariz. A relação entre asma e ansiedade permanece obscura, mas é de conhecimento que fatores psicológicos como estresse e medo exacerbam sua gravidade. Sem dúvida, um pai que abandona seu filho, o expõe aos seus prazeres e ameaça infligir dor ao menino se ele não guardar segredo, não faz nada para aliviar os sintomas da condição da criança.

O alívio veio para Eurico na forma de um cavalo. Em uma fazenda onde morava com seus pais, um pônei tordilho pastava. Eurico estava com a mãe quando viu o pônei pela primeira vez. "Minha mãe me pegou e me colocou em cima dele", diz ele. "Eu não queria mais sair."

Depois disso, Eurico passou mais tempo com o pônei, até que sentiu que eles haviam criado uma conexão. "Eu o observava comendo grama, e ele olhava para mim."

Assim que sua família soube da sua afeição por cavalos, eles encontraram uma oportunidade para o menino cavalgar. Um tio trabalhava em uma fazenda próxima, lavrando os campos atrás de dois burros. Disse a Eurico que viesse à tarde, quando acabasse de trabalhar, para que pudessem montar os burros juntos. Depois de passar a manhã puxando um arado, os burros estavam cansados. Quando Eurico os viu caminhando na sua direção, ele pensou que seria melhor se divertir montando em um cabo de vassoura e fingindo que estava em cima de um puro-sangue. Mas seu tio disse a ele para não se preocupar, pois os burros podem galopar tão rápido quanto um cavalo.

Com certeza, quando o tio de Eurico o ajudou a montar o burro e bateu em suas coxas, o animal começou a correr. Correu mais rápido do que Eurico já havia feito em sua vida. "Oh, meu Deus", diz ele, "foi a melhor aventura que já tive."

Eurico cavalgou com o tio sempre que pôde, até os seis anos. Naquele verão, seu pai pediu aos avós em Buri que tirassem Eurico das suas mãos. Era hora de ele ir para a escola, e seus avós moravam a apenas um quarteirão da Escola Estadual Francelina Franco, no lado oeste da cidade.

Eurico trabalhou muito para fazer amigos. Ele era menor do que os outros meninos. "Caras da minha idade eram duas vezes maiores", diz ele. A princípio, zombaram dele, mas Eurico era um menino simpático, travesso e cheio de energia, e logo encontrou alguns garotos para brincar. Ele começou a jogar futebol, onde seu tamanho não importava tanto quanto sua força e velocidade. Ele era competitivo e adorava o jogo, embora não se saísse tão bem e nunca jogasse sem seu inalador para asma no bolso.

Com os amigos, Eurico também aprendeu a ver o mundo de uma forma diferente. Nas casas dos outros meninos, ele ouvia música e assistia a programas como *Turma da Mônica* e *Clube da Criança* na TV. Os pais deles cantavam e riam juntos, às vezes bebiam vinho e as mulheres cortavam os cabelos e usavam saias que deixavam os joelhos descobertos. Nenhum dos seus amigos ou pais pertencia a uma igreja como a Igreja Apostólica da Santa Vó Rosa. Nenhum deles orava para uma vovó sagrada ou cantava hinos como "A Missão do Profeta Irmão Aldo".

Eurico nunca gostou das restrições que a religião da sua família impôs a ele. Seus avós também eram rígidos. Quando ele se afastou completamente da religião, eles ficaram chateados. Disseram que ele poderia ir para o inferno. Mas, mesmo aos oito anos, Eurico era duro e manteve-se firme. Ele insistiu que não iria à igreja novamente. "Foi difícil", diz ele. "Mas eu só pensei, *Que porra estou fazendo?* E foi isso."

Seus pais ficaram decepcionados com o filho, mas Eurico não precisava da religião para se sentir culpado. A asma cuidava disso. Para continuar respirando, ele necessitava de cinco medicamentos diferentes, e cada um custava um valor que seus pais não podiam pagar. "Eu me sentia culpado por ter asma", diz ele.

A essa altura, seu pai havia deixado claro que Eurico era uma presença indesejada na sua vida. Quando Eurico ia de bicicleta para a casa dos pais, seu pai dizia para ele voltar para Buri. "Ele falava: 'Vá para casa, porra'." Se tivesse que pagar pelo remédio de Eurico, ele temia que seu pai pudesse se livrar dele completamente. Quando em uma tarde sofreu um ataque especialmente agudo, a avó de Eurico ordenou que seu pai o levasse ao hospital o mais rápido possível. Ao chegarem, um médico administrou oxigênio em Eurico para que ele respirasse outra vez. Então, prescreveu um broncodilatador forte para o menino e disse ao seu pai para comprá-lo.

No caminho para casa, o pai de Eurico estava com muita raiva. Ele não gostava de gastar dinheiro nessas circunstâncias e agora era forçado a fazê-lo com uma doença que considerava culpa do seu filho. Virando-se para o menino sentado ao lado dele, ele disse: "Eu não sei por que você simplesmente não morre."

Para pagar os inaladores, corticoides e broncodilatadores de que precisava para se manter vivo, Eurico buscou meios de ganhar dinheiro, embora as opções de emprego sejam limitadas para um garoto de oito anos, principalmente em uma cidade pobre como Buri. "Eu costumava engraxar sapatos na calçada do lado de fora da rodoviária, perto da casa dos meus avós", diz ele. "Vendia sorvete que minha avó fazia sozinha. Recolhia latas, garrafas e papelão. Qualquer coisa que eu pudesse fazer para ganhar algum dinheiro."

Um dos patrões que contratou seus pais para trabalhar para ele viu algo especial em Eurico. Todos os dias, quando Arlindo visitava a fazenda, ele conversava com o menino e respondia às suas perguntas. Ele lhe ensinou a diferença entre trabalhar com as mãos e trabalhar com o cérebro, e quando soube que Eurico queria ganhar dinheiro, reservou um pequeno terreno onde o menino podia plantar alface, cenoura, brócolis e beterraba em troca de cuidar dos animais da fazenda. No fim de semana, Eurico levava as verduras em uma cesta em sua bicicleta para vendê-las nos restaurantes de Buri.

Havia um lago na propriedade, abastecido com peixes. Arlindo e Eurico ficavam juntos com suas varas de pesca. Quando pegavam o suficiente, eles levavam para a mãe de Eurico. "Mamãe fritava os peixes", diz ele. "Às vezes, Arlindo me dava um copo pequeno de cerveja. Mamãe me observava bebendo e rezava para Santa Vó Rosa."

Eurico tinha voltado para a casa dos seus pais quando, em uma tarde de domingo de abril, seu pai levou ele e seu irmão para visitar um tio, em Buri. Quando chegaram, os adultos sentaram do lado de fora e ficaram conversando enquanto Eurico e o irmão permaneceram dentro da casa. Na TV preto-e-branco, Eurico assistiu a uma corrida de cavalos: o Grande Prêmio São Paulo, um dos maiores eventos esportivos do país, transmitido a partir do Hipódromo de Cidade Jardim, em São Paulo.

Eurico ficou hipnotizado. Ele observou os cavalos alinhados no partidor. Observou o portão abrir e os cavalos arrancarem. Observou os jóqueis de pé nos estribos enquanto impeliam seus cavalos pela pista de cerca de 2.400 metros. Ele observou os torrões de grama passando voando pelas cabeças dos cavalos enquanto eles faziam a curva e se dirigiam para a linha de chegada. E quando a corrida terminou, ele observou o jóquei celebrando com o treinador e o proprietário do cavalo.

Naquele momento, Eurico viu seu futuro. "Eu pensei, *É o que eu quero fazer.*"

Naquele dia, a caminho de casa, Eurico sentou-se no banco de trás do carro, cantando para si mesmo enquanto imaginava sua vida como jóquei. Quando ele foi para a escola na manhã seguinte, disse aos seus amigos que, algum dia, ele viajaria pelo mundo como "um jóquei muito talentoso".

Seus amigos riram, disseram que ele estava louco e mudaram de assunto. Mas na sua mente, daquele dia em diante, a visão de Eurico do seu futuro nunca deixou de ser essa.

Quando Eurico tinha 10 anos, voltou à escola depois do verão, para iniciar a quinta série. Mas ele se sentiu tão desanimado a ponto de pensar em comprar uma arma. Não era difícil encontrar armas no Brasil se você conhecesse as pessoas certas, e Eurico já havia passado bastante tempo nas ruas de Buri para conhecer algumas delas. Mas enquanto ele esperava na fila da entrada da escola naquele dia, uma professora correu até ele e o abraçou para recebê-lo de volta. "Eu a chamo Dona Zelinda", diz ele. "Ela me deu atenção. Ela me fez sentir como se eu fosse importante. Ela realmente mudou minha vida."

Dona Zelinda também acreditava no sonho de Eurico de se tornar um jóquei de uma maneira que seu pai nunca fez. Seu pai continuava seus casos com outras mulheres, e ele permanecia carregando Eurico consigo. Como se precisasse confirmar as infidelidades do seu pai, uma tarde, Eurico esperou por ele do lado de fora da casa de uma mulher, até que decidiu depois de meia hora bater na porta para ver por que seu pai não tinha voltado. Mas a porta estava aberta e, quando ele entrou, encontrou seu pai acariciando os seios da mulher.

Como sempre, o pai disse a Eurico para não contar à mãe. Eurico obedeceu, até 20 anos depois, quando soube que seu pai não só ainda fazia sexo com a mesma mulher, mas também havia começado a fazer sexo com a filha dela. Depois disso, Eurico encerrou seu relacionamento com seu pai. Mas isso ainda estava longe de acontecer.

O pai de Eurico mudou a família para outra fazenda de propriedade de um homem alemão e sua esposa brasileira. Durante a semana, sua mãe limpava a casa do proprietário, ordenhava as vacas e mantinha o jardim aparado. Eurico cuidava dos porcos e cavalos. O proprietário das terras pediu a Eurico que continuasse na escola. A educação, disse ele, é a chave para o sucesso. O pai de Eurico usava os veículos da fazenda e encontrou novas maneiras de desviar o dinheiro do

> *Durante a semana, a mãe de Eurico limpava a casa do proprietário, ordenhava as vacas e mantinha o jardim aparado. Eurico cuidava dos porcos e cavalos. O proprietário das terras pediu a Eurico que continuasse na escola. A educação, disse ele, é a chave para o sucesso.*

proprietário. Ele também continuou a atormentar seu filho, zombando do seu tamanho, desafiando sua sexualidade, provocando-o, tentando diminuí-lo. Se Eurico ajudava a mãe a lavar a louça, o pai dizia que era trabalho de menina. Se Eurico tentava apaziguar o pai, na esperança de que eles pudessem chegar a algum tipo de trégua em sua guerra emocional, seu pai agarrava a própria virilha. "Você quer dar sua bunda, mas não sabe como oferecer", dizia ele.

Apesar da resiliência e do notável bom-humor de Eurico, o abuso que seu pai lhe infligiu teve consequências duradouras. Em comparação com as crianças que crescem em um lar seguro e acolhedor, os sobreviventes de traumas crônicos na infância têm muito mais probabilidade de sofrer de depressão, fumar, tornarem-se obesos, beber em excesso, usar drogas e praticar sexo promíscuo. O abuso e a exposição desde cedo a uma conduta sexual excessiva contribuem para o comportamento hipersexual em uma criança à medida que ela cresce. Gera sentimentos de vergonha, inadequação e angústia emocional, e pode levar a problemas relacionados ao controle dos impulsos e sintomas obsessivo-compulsivos. Sem nenhuma surpresa, Eurico sofreria as consequências da sua infância muito depois de deixar o Brasil.

Ossos quebrados foram uma dessas consequências, embora tenham cicatrizado mais rapidamente do que algumas das outras. Eurico quebrou o braço esquerdo pela primeira vez aos 12 anos, depois que um cavalo chamado Bunda Branca o atirou no chão em uma manhã, antes de ele ir à escola. Eurico não tinha problemas com os outros cavalos, mas Bunda Branca era diferente. Não cooperativo, teimoso e desagradável, o animal nunca aceitava o que Eurico queria que ele fizesse. Naquela manhã, decidiu dar uma lição no cavalo. Subiu nas costas de Bunda Branca e o desafiou a galopar. Bunda Branca obedeceu. Começou por um campo pequeno. Eurico permaneceu em cima dele, determinado a continuar galopando enquanto o cavalo ganhava velocidade e, de repente, o animal cravou seus cascos no chão. Eurico continuou avançando, voou por cima da cabeça do cavalo e caiu no chão duro. Felizmente, ele pousou sobre seu braço, não sobre sua cabeça.

"Minha mãe enlouqueceu", diz ele.

Ela levou Eurico ao hospital de Buri, onde um médico consertou o osso e o encaminhou ao hospital de Itapeva para um tratamento posterior. Quando eles pararam no caminho de casa para visitar sua avó, ela disse que seu neto nunca deveria andar a cavalo novamente. Era obra do diabo. Era o mal. Sua mãe também insistiu que ele deveria parar de andar a cavalo. Mas quanto mais ela insistia, mais determinado ele ficava em continuar montando.

A essa altura, Eurico não se sentia mais intimidado pelo demônio. Ele mal podia esperar que seu braço sarasse o suficiente para que pudesse voltar a montar.

A próxima pausa aconteceu um ano depois e foi mais séria. Eurico tinha 13 anos. Ele voltou para Buri para morar com seus avós e continuou a trabalhar para pagar seus medicamentos para asma. Ele havia conseguido um emprego removendo árvores de eucalipto para uma madeireira. Um lenhador derrubava as árvores e as cortava com uma serra elétrica em toras de quase dois metros. Eurico arrastava, puxava ou carregava as toras da floresta para a estrada e as colocava em um caminhão. Algumas delas pesavam mais do que ele.

Em uma noite de junho, quando ele voltou do trabalho para casa, seus amigos vieram até a sua porta e pediram para que se juntasse a eles em um jogo de futebol. Eurico estava cansado. Ele não queria ir, mas eles insistiram. Com 22 jogadores no campo e mais alguns assistindo do banco, o jogo estava em pleno andamento quando um parente distante de Eurico apareceu e pediu atenção. "Nós o chamávamos de Índio", diz Eurico. "Ele era marido da minha prima de segundo grau. Era um cara grande. Ele estava sem camisa e com sua barriga sobre o cinto."

Quando os jogadores se aproximaram, Índio perguntou se um deles queria montar um cavalo de corrida para ele.

As palavras atingiram Eurico como um choque elétrico. Ele começou a pular para cima e para baixo para ter certeza de que seu primo o notava. Ele acenou com os braços sobre a cabeça e gritou: "Sim. Eu quero."

"Eu tinha medo de que todos quisessem fazer isso", diz ele. "Eu não queria que ele escolhesse mais ninguém."

Índio disse a Eurico para aparecer na manhã seguinte, às seis horas, na casa do seu companheiro Roque, em Buri. Eles primeiro cortariam a grama para alimentar os cavalos, depois iriam para a pista para treiná-los. Eurico estava em êxtase. Ele se virou para olhar para os outros jogadores, esperando ver a decepção em seus rostos, e percebeu que ninguém mais havia se oferecido para o trabalho. "Eles me disseram que eu seria morto", descreve.

Ele contatou a madeireira naquela noite e disse que teria que faltar ao trabalho no dia seguinte. Quando amanheceu, Eurico apareceu na casa de Roque meia hora antes do combinado. Eles foram para uma fazenda, onde seu trabalho envolvia cortar grama suficiente para alimentar dois cavalos e montá-los. Eurico não conseguia imaginar nada melhor, e a grama pesava muito menos do que uma árvore de eucalipto, então ele largou aquele emprego de vez. "Deus o abençoe", disse o lenhador, quando Eurico lhe contou o que planejava fazer.

Todas as manhãs, durante um mês, Eurico saía da casa dos avós e ia trabalhar, mas ele se lembrava da advertência da avó depois de quebrar o braço e não contou a ela ou ao avô que havia encontrado um trabalho diferente. Eles descobriram apenas quando ele voltou uma tarde para casa e perguntaram por que ele havia chegado tão cedo. "Eu disse que tinha um trabalho montando cavalos."

A avó de Eurico não gostou. "Você já quebrou o braço uma vez", falou ela.

"Vou ganhar o dobro do que ganho removendo árvores", disse Eurico, que sabia que sua avó ficaria impressionada com tal detalhe.

"Existem as apostas", continuou sua avó. "Você vai arder no inferno."

Eurico ergueu as mãos. "Eu já bebo", ele disse. "Eu assisto TV. Eu jogo futebol. Eu não vou à igreja. Quem se importa com mais uma coisa?"

Poucas semanas depois de começar a trabalhar na fazenda, ele concordou com montar um cavalo quarto de milha em uma corrida na pista de Buri. Ela tinha apenas alguns anos. Antes de ser construída, os moradores corriam com seus cavalos em uma estrada próxima, coberta por areia. Agora, a cidade tinha sua própria pista, embora tivesse apenas 300 metros de comprimento e terminasse em uma ravina cheia de arbustos. Os cavalos seriam montados por jóqueis semi-profissionais que haviam viajado para pistas de corrida por todo o estado.

Eurico já tinha montado muitas vezes e achava que sabia andar bem o suficiente para não se envergonhar, talvez até bem o suficiente para vencer uma corrida. Todos os dias, durante as três semanas seguintes, ele se concentrou em melhorar sua equitação enquanto treinava cavalos para Roque e outro dono chamado Márcio. Ele estava montando um desses cavalos na pista pela manhã, uma semana antes da corrida. Quando se aproximaram da reta final, o cavalo de Eurico continuou correndo. "Eu não sabia como fazê-lo parar", diz ele.

No final da pista de 300 metros, o cavalo mergulhou sobre a borda da ravina e desceu como uma pedra de meia tonelada em direção aos arbustos no fundo, cravando seus cascos na terra até chegar a uma parada repentina e jogar Eurico no mato. Quando Eurico ergueu o braço, ele estava dobrado como a ponta de um taco de hóquei.

O dono do cavalo nem se deu ao trabalho de parar no hospital em Buri. Ele levou Eurico diretamente para o hospital maior em Itapeva. Os médicos de lá se prepararam para operar o braço de Eurico, mas depois de anestesiá-lo, mudaram de ideia, colocaram os ossos no lugar e engessaram. Antes de ir para casa, eles o instruíram a retornar ao hospital em 20 dias para garantir que os ossos estivessem bem fixados.

Eurico não ficou em casa por muito tempo. Ele não queria perder o emprego e sentia falta dos cavalos. No dia da corrida, ele conversou com alguns dos jóqueis visitantes sobre como trabalhar com um treinador, que poderia ensiná-lo as habilidades que ele mesmo precisava para se tornar um jóquei. "Se você quer aprender a montar", eles disseram, "você tem que conhecer Zeli Medeiros."

Eurico pediu a um dos jóqueis, cujo nome era Mico, que o recomendasse a Medeiros. "Mas não diga a ele que quebrei meu braço", preveniu. Mico ligou para Medeiros, que concordou em trabalhar com Eurico. Mas ele teria que se mudar para Itapetininga, uma cidade de 160.000 habitantes, a cerca de 90 quilômetros a leste de Buri, onde Medeiros administrava uma instalação profissional de cavalos quarto de milha com pista de corrida de 500 metros, hectares de piquetes e estábulos próprios que acomodavam 60 cavalos.

Quando a mãe de Eurico foi à casa dos seus avós, ela não ficou comovida com a notícia de que seu filho planejava se mudar para tão longe ou que pretendia montar a cavalo para viver. "Se você for", disse ela, "eu te mato."

Felizmente, Eurico havia trazido Mico consigo para dar a notícia. Sua avó gostava de Mico e achava que ele era um bom menino. "Ele ainda é meu amigo hoje em dia", diz Eurico.

Quando sua avó viu que Eurico queria levar uma vida de jóquei, tranquilizou sua mãe. Disse-lhe que, desde que se relacionasse com gente boa, Eurico estaria bem. Então, ela se virou para Eurico e falou: "Vá."

Antes de sair de Buri, Roque, Márcio e Índio pagaram a Eurico por três meses de trabalho. "Porque você quebrou o braço em nosso cavalo, vamos te pagar", disse Roque. Eurico relutou em aceitar o dinheiro, mas Roque insistiu. O gesto reforçou a sua decisão de continuar correndo. Tinha grana suficiente e separou uma parte dela para uma passagem de ônibus de ida e volta de Buri para Itapetininga e seu remédio para asma. O resto, deu para sua avó.

No dia seguinte, com o braço engessado, Eurico arrumou

uma pequena bolsa com duas calças e duas camisetas e, com Mico, partiu para começar uma nova vida em Itapetininga, com Zeli Medeiros. Ele tinha acabado de fazer 14 anos. "Não voltei mais ao hospital", diz ele.

Vencendo com um estribo quebrado: Eurico e Zeli Medeiros

CAPÍTULO DOIS

Eurico saiu da casa dos seus avós com o seu amigo Mico em uma manhã ensolarada de uma quinta-feira de junho. O dono do cavalo com que Mico tinha corrido no dia anterior estava voltando para Itapetininga e disse que Eurico poderia acompanhá-los. Eurico carregava suas roupas em uma pequena bolsa, o braço engessado e dinheiro suficiente para comprar uma passagem de ônibus de volta para Buri "caso eu precisasse", diz ele. Eles chegaram aos arredores do vasto município antes do meio-dia.

Após se despedir do motorista, Eurico e seu amigo atravessaram os portões da entrada do Jockey Clube de Itapetininga. Os campos cobertos de grama se estendiam até uma série de pequenas colinas no horizonte. Três longas cocheiras de cavalos, com telhados inclinados de telhas de barro vermelho, paredes de madeira e uma série de portas de baias ao longo de cada lado, todas pintadas no mesmo tom de vermelho-tijolo. Uma trilha reta no solo rubro corria ao lado do prédio principal, dividida em seis pistas com estacas de madeira branca. Eurico não conseguia ver a cidade do outro lado das colinas distantes, mas dos prédios, da trilha e das pastagens verdes, ele podia sentir a prosperidade de Itapetininga.

A cidade foi um centro de pecuária por mais de 200 anos.

Nos anos 1700, o gado percorreu a área, parando para buscar água no Rio Itapetininga antes de continuar seu caminho para cidades maiores perto da costa. O estado de São Paulo é o motor econômico do Brasil, gerando um terço da produção econômica do país, e Itapetininga é o terceiro maior município do estado. A pecuária e o agronegócio ainda geram empregos e dinheiro para a cidade, enquanto milhares de companhias atuam em setores como têxteis, autopeças, móveis e energia. Proprietários de empresas e executivos na cidade e nas cidades vizinhas podem se dar ao luxo de saciar suas paixões, incluindo corridas de cavalos, e seu dinheiro garante que a pista de corrida, cocheiras, piquetes e estradas na propriedade onde Eurico e seu amigo acabavam de chegar sejam mantidos em bom estado de conservação.

Mico acenou para um homem de camiseta e calça jeans que estava andando longe da pista. "Lá está Zeli", disse ele.

Quando o alcançaram, Zeli Medeiros olhou para o braço de Eurico. "Como você está?", perguntou. Falava com autoridade, com voz grave, e olhava nos olhos de Eurico enquanto se comunicava com ele.

"Bem", disse Eurico.

"Mas seu braço está quebrado", disse Zeli.

"Só por mais uma semana."

"Então você terá que voltar para o hospital."

"Não. Não. Não", insistiu Eurico.

"Está tudo bem?"

"Está tudo bem."

Mico disse adeus e caminhou em direção a uma das cocheiras. Zeli disse a Eurico que fosse com ele almoçar em sua casa. Eles caminharam por cerca de cinco minutos até chegarem a uma pequena residência de três cômodos onde

Zeli apresentou Eurico à esposa, Amarilda, e ao filho, André. Amarilda tinha preparado uma salada de pepino, alface e tomate, que eles comeram com arroz e feijão.

Durante o almoço, Zeli conversou com Eurico sobre sua própria vida, suas expectativas e o futuro de Eurico como jóquei. Quando menino, Zeli quis se tornar um jóquei, mas abandonou esse sonho ao crescer e virou treinador. Como treinador, Zeli não só prestava muita atenção à saúde e ao desempenho dos cavalos em seu estábulo, mas também selecionava os meninos que um dia se tornariam seus jóqueis. "Isso é o que os treinadores fazem", diz Eurico. "Todos eles querem que seus próprios meninos montem para eles."

Enquanto fazia perguntas a Eurico sobre sua infância em Buri, Zeli o examinava do outro lado da mesa. Não há limite de altura para jóqueis, mas um centímetro pode adicionar quase dois quilos ao peso de uma pessoa, e poucos jóqueis têm mais de um metro e meio. Os cavalos não podem carregar muito mais do que 20 por cento do seu peso corporal antes de desenvolverem dores nas costas e problemas nos joelhos, e a maioria dos jóqueis pesa muito menos, entre 49 e 53,5 quilos, mesmo com sua aderência. (O próprio Eurico tem um metro e cinquenta e cinco, 51 quilos.) Apesar do seu peso leve, um jóquei tem que ser forte o suficiente para controlar um cavalo que pesa até 450 quilos, movendo-se a 65 Km/h. Quando Zeli perguntou se Eurico achava que tinha força para isso, ele garantiu que sim. Levantar toras de eucalipto certamente o mantivera forte. Assim como todo o trabalho que ele tinha feito ao redor de Buri para pagar por sua medicação.

Zeli compartilhou com Eurico algumas das lições que aprendera. Nos 18 meses seguintes, Eurico o ouviu repetir as mesmas lições muitas vezes, até que as levou a sério. "Você tem que ser respeitoso", disse Zeli. "Quando os proprietários vierem ver seus cavalos, certifique-se que esteja tudo bem. Você vai aprender. Vão chegar até você. Você pode ganhar dinheiro como jóquei. Mas o mais importante é ser uma boa pessoa."

Durante o ano e meio seguinte, Eurico almoçou na casa de Zeli todos os dias. Quando voltava para trabalhar à tarde, Amarilda lhe dava o jantar numa quentinha, geralmente arroz com feijão, às vezes com carne e pão. "Cara, ela foi legal comigo", diz ele. "Ela era como minha segunda mãe."

Depois do almoço daquele primeiro dia, Zeli caminhou com Eurico de volta à cocheira, onde ficavam os 12 cavalos. Enquanto caminhavam, Eurico disse a Zeli que precisava de algo dele.

"Vou trabalhar duro para você, e não quero dinheiro. Mas você tem que comprar meu remédio para asma."

Zeli concordou e levou Eurico à cocheira para apresentá-lo aos cavalos em suas baias: Paris Fresh, Samantha, Sarita, Alazãozinho, Rufino, o único cavalo tordilho, e Fools Paradise, cujo apelido era "Gorda". Zeli mostrou a ele o quarto de arreios entre duas baias, onde guardava os cobertores, cordas, sacos de ração e equipamentos dos cavalos, depois o conduziu por um estreito conjunto de degraus de madeira até o andar de cima e apontou para uma pequena cama sob o beiral. "É aqui que você vai dormir", disse ele.

Era começo da noite quando Zeli saiu. "Eu vou te acordar amanhã, às seis."

Sozinho no quarto de arreios, Eurico começou a trabalhar. Havia sacos de ração para cavalos no chão. Cobertores. Baldes de lata. Cabrestos. Tudo estava empoeirado e coberto de feno.

"Eu comecei a arrumar o lugar. Lavei todos os cobertores. Varri o chão. Lavei os baldes, enrolei os cabos de puxar cavalos e arrumei tudo sistematicamente em um canto."

Quando ele terminou, Eurico visitou novamente os cavalos. Eles se inclinaram para fora das suas baias e abaixaram a cabeça para sentir o calor da sua mão em seus rostos. Pela maneira como viraram a cabeça para olhar para ele, Eurico se sentiu seguro de que o aceitariam.

"Esses cavalos me deram amor", diz ele. "E eu não posso te dizer o quanto eu os amei."

Quando ele foi para a cama naquela noite, sabia que havia entrado em um mundo diferente. Pela primeira vez na vida, se sentiu seguro. Ele confiou em Zeli Medeiros e tinha certeza de que o treinador retribuiria sua confiança, desde que Eurico trabalhasse muito e atendesse às suas expectativas.

"Eu tinha meu próprio quarto no andar de cima", diz ele, "e lindos cavalos no andar de baixo. Foi o lugar mais tranquilo que já estive na minha vida."

Zeli chegou com o café da manhã às seis: pão com manteiga, um pouco de queijo e presunto. Ele fez café na cafeteira no quarto de arreios. A essa altura, Eurico já estava acordado há uma hora. Ele havia trocado a água de cada cavalo e limpado suas baias, mas por causa do seu braço quebrado, ele não conseguia montar. Até que seu braço sarasse, Zeli contratou um galopador para exercitar os cavalos e deu a Eurico outras tarefas para fazer: uma cocheira para limpar, trocar a água, um cavalo para escovar, etc. Eurico sempre tinha algo para fazer, mas queria mais. Em particular, ele queria montar.

Assistindo todos os dias outra pessoa fazer o trabalho com os cavalos que deveria ser a sua função, Eurico ficou impaciente. Após duas semanas, ele removeu o gesso. Quando o fez, viu que seu braço estava torto. "Comecei a chorar", diz ele. "Então eu pensei, *Foda-se isso. Estou mais interessado em cavalos do que no meu braço.*"

Um braço torto já era ruim, mas Eurico também não conseguia mover os dedos ou a mão. Imobilizados no gesso, seus músculos enrijeceram e atrofiaram. Ele não tinha acesso a um fisioterapeuta, mas sabia instintivamente o que fazer. Três vezes por dia, esticava e manipulava os dedos e a mão, apertando uma bola de borracha sem parar, aplicando pressão nos dedos e mergulhando a mão em água salgada. Levou mais duas semanas para que ele pudesse montar a cavalo.

Quando finalmente chegou o dia, Zeli levou Eurico a uma das baias. A égua que estava ali, Fools Paradise, era grande e com pelo castanho-escuro, com cerca de quatro anos. "Ela tinha ombros largos e uma cabeça linda", diz Eurico. "Uma égua gentil." Por causa do seu tamanho, todos a chamavam de Gorda.

Zeli ajudou Eurico a colocar o bridão na égua e disse a ele que levasse Gorda para passear, apenas caminhando, no início. Mas ele não permitiu que Eurico usasse uma sela. Em vez disso, disse a Eurico para colocar uma manta sobre ela e prender as cilhas sob sua barriga.

"No início, apenas caminhávamos em volta da cocheira. Quando os outros caras me viram, eles aplaudiram. 'Ei! Eurico está a cavalo!' Eu estufei o peito. Fiquei muito orgulhoso."

Eurico teria se sentido ainda mais orgulhoso se pudesse montar com uma sela, mas por mais que insistisse e implorasse com o passar dos dias, Zeli se recusava a deixá-lo fazer isso. "Comecei a me sentir frustrado e com raiva", diz ele. "Eu queria montar com uma sela e não entendia por que Zeli não me deixava."

Depois de alguns dias, Zeli mandou Eurico levar Gorda

para a pista. Eurico sabia como usar as pernas e os pés para dizer a ela que se movesse em direções diferentes, mas ninguém o havia ensinado a se posicionar no dorso de um animal daqueles. Um cavalo de corrida trotando, a cada dois passos, promove um impacto no cavaleiro quando bate a pata no chão. Da cerca, Zeli observava enquanto Eurico se inclinava para frente, saltando para cima e para baixo com o queixo a apenas alguns centímetros da crina de Gorda. Então, ele chamou Eurico. Usando as mãos para enfatizar suas palavras, o instruiu a inclinar-se para trás e apoiar-se nos músculos abdominais para segurar as rédeas, mas não para lutar contra o cavalo. "Se ela puxar pela boca, deixe-a ir", disse ele, "então, leve-a de volta."

A posição parecia estranha e contra-intuitiva para Eurico, mas quanto mais ele a segurava, mais confortável se sentia. "Logo eu me senti flutuando em Gorda como uma borboleta", diz ele.

De volta à cocheira, os outros jóqueis e cavalariços perguntaram a Eurico por que ele ainda montava com uma manta. Ele não tinha resposta, exceto que estava seguindo as instruções de Zeli. Ele continuava importunando o treinador. "Quando vou montar com uma sela? Por que não posso usar uma sela?"

E, a cada vez, Zeli respondia: "Não até que você esteja pronto, meu filho. E você ainda não está pronto."

Mesmo sem sela, Eurico sentia-se feliz por finalmente montar a cavalo. Era por isso que ele tinha ido para Itapetininga, em primeiro lugar. E, na verdade, era mais fácil galopar apenas com uma rédea e uma manta nas costas do cavalo. "Um cavalo sabe que quando você coloca uma sela, é hora de correr mais rápido", diz ele.

Com sela ou sem sela, quando Zeli começou a treiná-lo nas

nuances e sutilezas da técnica de um jóquei, Eurico percebeu que tinha muito a aprender. Zeli o ensinou como posicionar as mãos, por exemplo, e a trocar o chicote de uma mão para outra. Ele o ensinou a usar as rédeas corretamente para parar um cavalo, uma lição que poderia tê-lo salvado de quebrar o braço, se ele tivesse aprendido antes. "Você tem que afrouxar a boca do cavalo", Zeli disse a ele. "Você puxa um lado, depois o outro, não os dois ao mesmo tempo."

Depois de mais alguns dias, Eurico começou a trabalhar com todos os cavalos da cocheira de Zeli. Ele seguia uma rotina semelhante. Acordava antes das cinco, descia as escadas, limpava as baias, alimentava os cavalos e observava se algum deles não comia. Os cavalos não comem quando estão doentes e Zeli queria mantê-los saudáveis. Depois do café da manhã, Eurico trabalhava das seis às onze na pista com cada um dos 12 cavalos. Ele almoçava com Zeli e sua família, e voltava ao trabalho às duas da tarde, passando as quatro horas seguintes caminhando com cada cavalo, às vezes apenas conduzindo-os ou pastando, outras vezes galopando. Ele tomava banho e andava um quilômetro da pista para a escola, onde estudava até às dez da noite. Claudiney, um cavalariço de outra cocheira, às vezes o acompanhava até a escola, e eles se tornaram amigos.

Quando Zeli chegou na cocheira de manhã, Eurico estava sozinho. Seu braço estava curado e Zeli não precisava mais dos serviços de um galopador. Eurico poderia fazer tudo por si próprio.

E ele continuou a aprender com Zeli. "Ele me mostrava os cavalos que tinham boca dura ou boca suave. Alguns cavalos não gostam de muito toque. Ele me mostrava como segurar um cavalo, ou como motivá-los a correr usando as rédeas. Ele me mostrava os cavalos que trabalhariam demais se eu deixasse e os outros que eram preguiçosos e que eu precisaria usar os braços com força para fazê-los correr."

À medida que Eurico passava mais tempo com os cavalos, as personalidades deles emergiam com mais detalhes. Gorda era gentil. Samantha era teimosa. Rufino odiava a pista. "Cada vez que via a pista, ele fugia. Mas era um cavalo muito inteligente."

"Sarita, eu levava para a pista todos os dias. Outros, eu levava apenas três ou quatro dias por semana, porque perdiam muito peso se fossem com mais frequência. Alguns cavalos podem ficar com apenas três dias de trabalho por semana. Outros, precisam de todos os sete dias."

No final de cada longo dia, Eurico entrava no quarto de arreios e subia as escadas para sua pequena cama. Ele mal podia esperar o dia seguinte começar.

"Ficava feliz o tempo todo", diz ele.

Com 60 baias em três cocheiras, amplos piquetes e uma pista de 500 metros com seis faixas, a pista de Itapetinga era a maior e mais sofisticada que Eurico já havia visto e exigia os serviços de dezenas de funcionários. Embora suas tarefas o mantivessem ocupado, ele tinha tempo para visitar as outras cocheiras, conhecer os treinadores, cavalariços e jóqueis que trabalhavam lá e admirava os outros cavalos enquanto se exercitavam ao ar livre.

"Nunca vi tantos caras legais em um só lugar. Eles eram todos carreiristas. Nos fins de semana, eles se sentavam juntos e contavam histórias. Eles falavam sobre corridas, cavalos famosos, personagens dos quais se lembravam. E eles me faziam sentir como se eu pertencesse àquele lugar. Eu tinha 15 anos, mas eles me respeitavam como se eu tivesse 50. Todos me apoiavam. Era um lugar bonito."

Eurico tinha passado três meses com Zeli Medeiros quando, certa manhã, o treinador apareceu e disse a ele para ir buscar uma sela. Eurico já havia se resignado a galopar sem uma, e ao escutar aquilo, percebeu que outro jóquei viria para montar um dos cavalos de Zeli. Ele perguntou quem era.

"Você", disse Zeli.

"Acho que ele decidiu que havia chegado a hora", diz Eurico, "porque eu tinha parado de reclamar."

Independentemente do motivo, Zeli disse para colocar a sela em Gorda e depois os mandou para fora da cocheira, dizendo a Eurico para treinar com ela.

A sela de um jóquei tem aproximadamente as mesmas dimensões de uma toalha de rosto. Junto com os estribos, o assento de couro pesa cerca de um quilo. A maioria das selas de couro é marrom, mas elas também vêm em cores como vermelho, azul, verde ou roxo, e custam até 500 reais ou mais. Como um jóquei nunca se senta em uma corrida, os estribos são essenciais, mas a própria sela tem apenas uma função limitada. "Você tem mais equilíbrio", diz Eurico. "E se o cavalo correr, você pode usar a força das suas pernas e também as rédeas para puxar para trás."

Usando finalmente uma sela, Eurico treinou, naquele dia, com Gorda. Com os pés nos estribos e as pernas segurando o corpo da égua, ele se manteve em uma postura que parecia estranha, mas se tornava mais familiar com o passar dos minutos. "Você sobe e desce quando trota", diz ele. "Zeli gritava: 'Não suba muito, meu filho. Só um pouco, ou você vai se cansar'."

Após cerca de 20 minutos, eles voltaram para a cocheira. Zeli disse a ele para descer de Gorda. Quando Eurico pisou no chão, suas pernas estavam tão doloridas que ele não conseguia ficar de pé. Zeli o viu lutar para se levantar e começou a rir. O mesmo aconteceu com alguns outros treinadores, cavalariços e jóqueis que viram Eurico dar sua primeira galopada com uma sela. Eurico ficou zangado com Zeli por expô-lo ao ridículo, mas Zeli garantiu que todos que estavam na cocheira naquele dia, haviam sofrido a mesma experiência dolorosa e desconcertante.

"Na manhã seguinte, ainda estava dolorido", diz Eurico, "mas ignorei. Você treina todos os dias."

Com Eurico na sela, as aulas de Zeli assumiram uma nova intensidade, especialmente quando ele começou a galopar os cavalos alguns dias depois. Vestido com calça de algodão e uma camiseta, Eurico conduzia cada um dos cavalos de Zeli para a pista, onde eles galopavam repetidamente entre as estacas brancas que marcavam cada uma das pistas de 500 metros. Às vezes ele usava tênis, às vezes andava descalço. Mais de 30 anos depois, ele ainda tem esporas ósseas na parte interna dos tornozelos, onde estes esfregavam os cavalos. Nada disso importava para Eurico, no entanto. Ele estava montando os cavalos de corrida em uma pista. "Fiquei muito orgulhoso de mim mesmo", diz ele. "Agora eu era um jóquei."

E ainda tinha muito a aprender. Zeli o ensinou como largar do partidor, às vezes beliscando-o para fazê-lo largar mais rápido. "Largar do partidor é uma das coisas mais difíceis para um jóquei aprender", diz Eurico, "especialmente com cavalos quarto de milha. Os cavalos quarto de milha são agitados quando estão no partidor. Você os leva até lá, eles se ajoelham e te derrubam. Ou eles empinam e jogam você para fora do partidor. Aconteceu comigo muitas vezes, e a cada vez, você se levanta e volta a montar o cavalo. Foi assim que aprendi minhas lições. Eventualmente, você fica mais esperto, e quanto mais esperto você é, menos você cai."

Haveriam lições mais difíceis por vir. Zeli tirou a sela de Eurico e disse-lhe para largar do partidor sem ela. Outros jóqueis não entenderam por que Zeli fazia tal coisa e perguntaram a Eurico por que ele não tinha uma sela. "Mas eu confiei em Zeli", diz ele. "Eu sabia que ele estava me ensinando o que eu precisava saber."

Quando Zeli devolveu a sela, disse a Eurico para largar do partidor e tirar os pés dos estribos. Em seguida, disse a ele para alcançá-los de volta e posicionar os pés nos primeiros 50 metros da pista. Nada disso era fácil, e Eurico treinou indefinidamente, em cavalos diferentes, dia após dia, até conseguir fazer tudo de olhos fechados. Anos depois, no Brasil, Macau e Canadá, Eurico salvou-se de ferimentos graves ou morte quando seus estribos quebraram em uma corrida, porque ele havia aprendido com Zeli a andar sem eles.

Aos sábados, depois de terminadas as tarefas e com os cavalos alimentados e exercitados, Zeli ocasionalmente levava Eurico para uma lanchonete a cerca de um quilômetro de distância do Jockey Club de Itapetininga, onde jogava sinuca com seu amigo Luis. Luis era ferrador e conhecia Zeli desde a primeira vez que havia colocado ferraduras em um dos cavalos do treinador. Uma tarde, Eurico, acompanhando dois homens na mesa de sinuca, ouviu um carro esporte estacionar na porta. Quando o motorista desceu, Eurico reconheceu Luis Duarte. Duarte começava a ganhar fama nas pistas de São Paulo e Rio de Janeiro, e logo se tornaria um dos jóqueis de maior sucesso do país.

Oito anos mais velho que Eurico, Duarte havia seguido por um caminho semelhante. Ele tinha crescido no sul do

Brasil e, ainda adolescente, tinha corrido por todo o estado do Rio Grande do Sul. Aos 17, se mudara para São Paulo para cursar a escola de aprendizes no Hipódromo de Cidade Jardim, importante circuito da cidade. Eurico sabia que Duarte detinha o recorde de aprendizes com 22 vitórias em um único mês. Agora, ele se tornava uma lenda no mundo das corridas dos cavalos brasileiros.

Amigo de Luis, o ferrador, Duarte conhecera Zeli vários anos antes e os dois homens o saudaram quando ele entrou. "Este é o Eurico", disse Luis. "Ele é de Buri."

Duarte sentou-se ao lado dele e perguntou sobre sua cidade natal e por que ele tinha vindo para Itapetininga. Eurico disse que havia vindo para trabalhar com Zeli.

"Você quer ser um atleta?", perguntou Duarte.

Eurico confirmou.

"Você tem botas?"

Eurico olhou para seus tornozelos machucados e sacudiu a cabeça negativamente.

"Vou te dar botas", disse Duarte.

O jóquei levantou e acenou para que Eurico o seguisse até seu carro. Eurico admirava o interior do veículo enquanto Duarte abria o porta-malas. Ele se levantou e entregou a Eurico um par de botas de montaria de couro preto. Elas eram polidas para um brilho opaco, tinham saltos baixos e cobriam a perna até o meio da panturrilha. Quando Eurico voltou para dentro, o ferrador Luis viu a emoção nos olhos do menino. "Você não pode nos decepcionar agora", disse ele. "Agora você tem as botas de um campeão."

Eurico segurou as botas no colo a tarde toda, e ele não as largou quando saiu com Zeli para voltar ao Jockey Club de Itapetininga. Ele dormiu naquela noite e por semanas com as botas debaixo do travesseiro. Falando no dia seguinte com seus amigos na cocheira, ele mal conseguia se conter. "Adivinha quem eu conheci?", ele perguntava. "Luis Duarte. Ele me deu suas botas."

Com o presente de Duarte, o sonho de Eurico de se tornar um jóquei profissional parecia mais próximo do que nunca, mas ele foi pego de surpresa quando Zeli anunciou, alguns meses depois, que não treinaria Eurico no dia seguinte. "Não estarei aqui amanhã", disse Zeli.

"Tudo bem", falou Eurico.

"E nem você."

Eurico perguntou o porquê.

"Amanhã, meu filho", disse Zeli, "você vai fazer sua primeira corrida."

Eurico entrou em pânico. "Mas não estou pronto", comunicou.

Zeli agarrou Eurico pela gola e puxou seu rosto mais próximo ao seu. "Você está pronto, sim", disse ele.

"E foi isso", diz Eurico. "Eu apenas falei 'OK'."

Zeli tinha combinado com o dono de um cavalo em outra cocheira para levar Eurico para corrida em uma cidade chamada Pardinho, a cerca de 100 quilômetros a noroeste de Itapetininga. O proprietário havia perguntado ao colega de escola de Eurico, Claudiney, o cavalariço, se ele conhecia alguém que pudesse montar para ele. O cavalariço deu o nome de Eurico ao dono, mas em vez de dizer a Eurico que ele o havia recomendado, ele falou primeiro com Zeli. "É assim que funciona nas corridas", diz Eurico. "Você diz ao treinador que quer um jóquei para montar por você, e o treinador toma a decisão."

O dono do cavalo era um policial chamado Julio. "Eu o

conhecia", diz Eurico. "Um cara legal."

Na manhã seguinte, às dez, Julio chegou em sua picape para levar Eurico para a corrida. Sua filha estava sentada ao lado dele. Já a égua, cujo nome era Gabriella, estava em um trailer atrás do carro.

"Eu tinha minhas botas, meu chicote e meu capacete", diz Eurico. "E eu estava muito nervoso, mas não queria demonstrar."

Julio perguntou a Eurico se ele gostava de ouvir rádio; Eurico disse que sim. Julio indagou que tipo de música ele preferia. Eurico disse que não sabia. "Ele sabia que eu estava nervoso. Tinha certeza que ele podia perceber na minha voz."

Chegaram a Pardinho antes do meio-dia. Eles saíram da caminhonete e foram até a parte de trás do trailer. Eles abriram as portas e conduziram a égua para fora.

"Ela era linda", diz Eurico. "Brilhante e em forma."

Quando Gabriella saiu do trailer, ela virou a cabeça para olhar para Eurico. Eurico olhou para ela e, naquele momento, sentiu o nervosismo desaparecer. "Ela me deu confiança", diz ele. "Quando olhamos um para o outro, pensei, *Vamos ganhar.*"

A corrida estava marcada para começar às três horas. Nesse ínterim, os organizadores da prova solicitaram apostas às 300 pessoas que foram assistir. Eurico ficou com Gabriella em sua baia, pensando na estratégia dele na corrida. Ele se lembrou de tudo que Zeli havia lhe ensinado. Sabia que poderia largar bem do partidor e que teria uma vantagem se o fizesse rápido o suficiente. E foi isso que ele fez.

"Eu arranquei rápido", diz ele, "e não olhei para trás. Vencemos a corrida."

Pela vitória, Eurico arrecadou de Julio o equivalente a 300 reais, o que ganhava em um mês de trabalho no campo.

Mais uma semana se passou e, então, Zeli levou Eurico à cidade para comprar roupas novas. Eurico estava trabalhando com ele há mais de sete meses, mas ele nunca tinha ido à cidade. Eles dirigiram ao longo de largas avenidas ladeadas por mansões coloniais encobertas de branco construídas por colonos portugueses no século 18, passando por igrejas e parques luxuosos e ornamentados, onde palmeiras cresciam como guarda-chuvas em troncos espinhentos. Eles viraram por uma rua estreita repleta de casas menores com telhados de telhas de barro vermelho até chegarem a um bairro de lojas repleto de pessoas.

Com a vitória na corrida de Pardinho, Eurico tinha ganhado dinheiro suficiente para pagar as próprias roupas, mas era comedido e comprou apenas duas camisetas e uma calça. De qualquer forma, as roupas não o interessavam e ele não viu nada que realmente precisasse comprar. Mais adiante na rua, entraram em uma loja que vendia tênis de marca, de empresas reconhecidas por Eurico: Adidas, Nike e Reebok, com o aval de jogadores de futebol famosos. Os calçados custavam uma fortuna. Zeli falou a Eurico para escolher os que mais gostava, mas quando os entregou a Eurico e lhe disse para levá-los, Eurico os jogou de volta na prateleira. Zeli riu. Buscou os tênis, pagou e deu para Eurico.

"Foram os primeiros tênis novos que tive", diz.

Na manhã seguinte, Zeli orientou Eurico a colocar suas roupas novas. Entregou a Eurico uma pilha de reais, presa com elástico, e disse a ele que guardasse o dinheiro no bolso. "Vista-se bem, meu filho. Estamos dirigindo para Buri para visitar sua mãe e sua avó."

Eles permaneceram a manhã toda. A mãe de Eurico ficou feliz em ver seu filho e ouviu com orgulho enquanto Zeli lhe contava sobre seu progresso como jóquei e a corrida que havia vencido. A avó de Eurico serviu café e biscoitos. Antes de voltarem para Itapetininga, Eurico dividiu o dinheiro que carregava consigo, dando metade para a mãe e metade para a avó.

"Foi a primeira vez que voltei", diz Eurico. "Eu estava limpo, bem vestido e com tênis novos. E elas ficaram impressionadas com Zeli." Se elas tinham alguma reserva sobre o futuro de Eurico, Zeli as havia convencido de que o garoto tinha tomado a decisão certa ao se tornar um jóquei.

Eurico correu novamente em cima de Gabriella e começou a disputar para outros donos de cavalos, também. Ele ganhou algumas corridas e se tornou mais confiante como jóquei. Mas ele ainda tinha 15 anos, com as vulnerabilidades de um adolescente, quando um dia seu pai apareceu na pista em um caminhão dirigido por outro homem. Eurico estava pastando um cavalo, mas disse a seu pai que levaria o animal de volta para a cocheira para que pudessem passar algum tempo juntos. Depois de tudo o que havia acontecido em sua vida, Eurico ainda queria a aprovação, o incentivo e o amor de José Maria, e ele pensava que seu pai poderia lhe dar o que ele queria se pudesse ver o quanto Eurico havia realizado. Mas isso não aconteceu. Quando Eurico pediu que ele esperasse, seu pai falou que não tinha tempo. Balançou a cabeça como se estivesse desapontado com o filho e disse ao motorista do caminhão que fossem embora. "Eu o vi por dois minutos", diz Eurico. "Eu estava chateado. Mais tarde, quando contei para minha mãe, ela me disse que estava tentando fazer com que ele me visitasse havia três meses."

Eurico trabalhava com Zeli Medeiros há um ano e meio quando o treinador viajou a negócios para o Pará, a quase 3.000 quilômetros de distância, no norte do Brasil. Ele já havia partido há vários dias quando seu amigo Luis apareceu na cocheira.

"Amanhã você vai para São Paulo", disse a Eurico.

"Por quê?"

"Você fará um teste para começar a escola de jóquei no Hipódromo de Cidade Jardim."

"Mas eu não posso deixar os cavalos", falou Eurico.

"Zeli organizou tudo. Ele diz que você deve ir."

Eurico hesitou. Ele fazia seu trabalho todos os dias, por um ano e meio. Havia trabalhado muito e não queria decepcionar Zeli, não importava o que Luis dissesse.

Ao ver que Eurico não estava preparado para partir, Luis sugeriu que ele falasse diretamente com Zeli, quando este telefonou do Pará naquela noite. Ao fazê-lo, Zeli confirmou que havia mandado Luís levá-lo a São Paulo. "Está tudo arranjado, meu filho", disse ele. "Vá!"

Naquela noite, Eurico arrumou suas roupas, inclusive os tênis e as botas de montaria. Na manhã seguinte, ele desceu as escadas para se despedir dos cavalos. Havia trabalhado com cada um deles, todos os dias, por 18 meses. Ele os tinha alimentado, limpado, montado e conversado com eles. Ele conhecia seus hábitos e peculiaridades. À noite, quando ia para a cama, ele os ouvia respirando, farfalhando e mudando de posição em suas baias. Eles tinham se tornado seus amigos.

"Foi muito difícil deixar os cavalos", diz ele. "Especialmente Gorda."

Às 5 horas, Luís chegou para levá-lo a São Paulo e dar início à próxima etapa do caminho para se tornar um jóquei. Eurico

CAVALGANDO PELA LIBERDADE

tinha quase 16 anos. Ele havia morado em Itapetininga com o apoio, orientação e incentivo constantes de Zeli Medeiros. Zeli pagava pelo remédio para asma. Eurico almoçava todos os dias na casa dele e nunca voltava para o trabalho sem o jantar em um recipiente, preparado por Amarilda. Ele gostava da amizade dos seus colegas de trabalho e do amor pelos cavalos sob sua supervisão. Na escola, ele tinha completado a oitava série. Por 18 meses, ele nunca se sentira abandonado. Ninguém o havia ameaçado, menosprezado ou feito com que se sentisse culpado por estar vivo. Ele começava cada dia com esperança e terminava com a certeza de que havia feito o seu melhor. Ele nunca tinha se sentido assombrado por seus demônios, nem sofrido um ataque de asma. Mas, agora, seus dias com Zeli haviam terminado. Eurico estava a caminho de São Paulo. E embora não suspeitasse disso na época, ele carregava seus demônios consigo.

Aprendiz Campeão: Eurico recebe o troféu do campeonato de Edmundo Khedi (à esquerda) e José Bonifácio Coutinho Nogueira, executivos do Jockey Clube de São Paulo

CAPÍTULO TRÊS

Luis queria levar Eurico ao seu destino de uma vez.
Mesmo no domingo, havia tantos veículos e motoristas em
São Paulo, uma cidade com mais de 10 milhões de habitantes, e parecia que cada um deles dirigia seu carro em alta
velocidade pelas ruas, batendo uns nos outros a uma taxa
mais alta do que em qualquer outro lugar na América do Sul.
Luis também não tinha carro. De Itapetininga, ele e Eurico
viajaram de ônibus.

Muito antes de chegarem à cidade, Eurico podia ver os
altos edifícios brancos erguendo-se como sentinelas de concreto no horizonte. Eles se aproximaram do Rio Pinheiros,
que percorre 25 quilômetros pela cidade até a Represa de
Guarapiranga, mas antes de cruzá-lo, o ônibus passou por um
shopping arborizado próximo à USP e parou alguns minutos depois nos portões do Hipódromo de Cidade Jardim. Um
muro escondia a trilha de vista. Luis e Eurico caminharam
pela fachada da entrada de vidro e concreto sob duas esculturas em relevo, cada uma retratando um cavalo e um anjo
alado em um paraíso equino, de autoria de um escultor ítalo-
-brasileiro chamado Victor Brecheret. Momentos depois, eles
emergiram em um oásis urbano.

Eurico nunca tinha visto um lugar assim na sua vida.

Construída em 1941 em um terreno que já foi uma fazenda, quatro pistas de corrida, três arquibancadas, 25 clínicas, 86 cocheiras de cavalos, uma loja de engenharia, um alpendre e um estande de escola no meio de uma vasta extensão de grama e campos de treinamento cobertos que ocupam quase 600.000m². A instalação é limitada a leste pelo rio e a oeste pelo bairro residencial Cidade Jardim, um dos mais nobres de São Paulo. As cocheiras podem acomodar mais de 2.200 cavalos e as corridas acontecem durante todo o ano.

Seguindo a multidão ao longo de uma passarela de cascalho, Luis e Eurico passaram por mais esculturas de calcário de Brecheret. Jardineiros uniformizados cultivavam aglomerados de zínias azuis, malvas amarelas e vermelhas, buganvílias, echeverias e astromélias que margeavam o caminho. "Até o cheiro era incrível", diz Eurico.

A cada dez passos que davam, eles passavam por um banco sob a sombra de uma árvore. Luís disse a Eurico para escolher um de que gostasse. Espantado, Eurico obedeceu.

"É aqui que você vai dormir esta noite", avisou Luis.

Eurico teria acreditado se Luis não tivesse começado a rir. "Brincadeira", confessou.

Naquela tarde, Luis e Eurico assistiram, da arquibancada, os jóqueis mais famosos do Brasil montarem alguns dos melhores cavalos puros-sangues do país na pista de grama. Eurico reconheceu muitos dos jóqueis da TV e fotografias nos jornais, mas até então, ele nunca os tinha visto pessoalmente. Lá estava Albênzio Barroso, um jóquei profissional desde 1960 e uma lenda na casa dos 40 anos, que seria o principal jóquei paulista 19 vezes antes de se aposentar. "Só de vê-lo, meu coração batia loucamente", diz Eurico. Também estava Ivan Quintana, formado havia cerca de 15 anos na escola de aprendizes de São Paulo, vencedor do Grande Prêmio Brasil e, apenas um ano antes, do Grande Prêmio São Paulo, correndo com um estilo inconfundível, quase deitado no cavalo. E havia o novo amigo de Eurico, Luis Duarte, que montou quatro vencedores naquele dia.

Terminadas as corridas, Luis se despediu e viu Eurico levar a sua maleta para a cocheira de Milton Signoretti, treinador e amigo de Zeli Medeiros. Eurico estava sozinho.

"Fiquei triste quando Luis foi embora", diz Eurico. "Meu coração ficou vazio."

A cocheira de Signoretti ficava a poucos passos da escola de aprendizes. Era limpa e bem conservada, com piso de cerâmica e um escritório em uma extremidade abaixo de uma pequena área de dormir. Eurico jantou naquela noite com os cavalariços que lá trabalhavam. Quando ele lhes contou por que tinha vindo, eles o encorajaram. "Boa sorte, garoto", disseram.

Na manhã seguinte, Eurico se juntou aos outros 70 candidatos, todos meninos, que haviam vindo para a pista em busca de um dos seis estágios disponíveis. Depois do café da manhã em um dos seis restaurantes da pista, eles começaram o primeiro dos três dias de testes. A avaliação inicial foi fácil. Um atendente mediu e pesou cada menino, e eliminou 50 deles no local porque eram muito altos, muito pesados ou, em alguns casos, muito pequenos. Com 35 quilos, Eurico era um dos menores garotos, mas passou.

Já os demais candidatos se reuniram individualmente com José Luiz Polacow, presidente da escola, o diretor, Maurício Lima, e Gaston Massoli, encarregado das atividades relacionadas com os cavalos. Quando chegou a vez de Eurico, ele subiu as escadas para o gabinete do presidente e fechou a porta. O presidente parecia impaciente. Ele vestia uma jaqueta leve e uma gravata escura. Maurício Lima, um homem alto, de pele escura, na casa dos 30 anos, com porte de militar, olhava para Eurico de uma cadeira na ponta da escrivaninha. De outra cadeira no canto da sala, Gaston Massoli, de meia-idade, pele clara, vestindo um terno elegante de três peças, observava o presidente enquanto este olhava para um pedaço de papel na mesa à sua frente.

Agora, Maurício observava Eurico do outro lado da mesa. "Você pesa 35 quilos", disse ele. "Não é suficiente." E balançou sua cabeça. Depois, colocou o papel em uma pasta e fechou a capa. "Por que você não volta no ano que vem, quando tiver dezesseis anos?"

Eurico se virou e saiu do escritório. No lado de fora, as lágrimas vieram aos seus olhos. Seu sonho de se tornar um jóquei havia acabado, pelo menos naquele ano. Ele estava no meio da escada quando a porta atrás dele se abriu e Gaston o chamou de volta. Quando Eurico retornou ao escritório, o presidente olhou para ele e disse: "Vamos te encher de espaguete. Aceitaremos você, apesar de tudo."

Aliviado, Eurico se reagrupou com seus colegas candidatos para almoçar no restaurante do Jockey Club, onde se juntaram a eles alguns dos jóqueis profissionais que cavalgavam naquele dia. Alguns conversaram com Eurico, fizeram-lhe perguntas sobre a sua casa, brincaram com ele sobre a sua simplicidade, seu sotaque, perguntando se ele havia crescido no mato. "Eram atletas renomados", diz ele. "Caras que eu via na TV."

Agora, diz ele, sentia-se ainda mais pressionado para se qualificar como aprendiz.

Naquela tarde, Gaston avaliou os candidatos em suas habilidades com um cavalo. Enquanto os outros se sentaram nas arquibancadas e alguns jóqueis profissionais chegaram para assistir aos procedimentos, cada um deles teve que montar e galopar o mesmo cavalo no sentido horário ao redor do ringue e guiá-lo em um movimento de oito enquanto o diretor ficava no centro.

O cavalo era um puro-sangue, a cerca de 1,62 metros do chão, cinco centímetros mais alto que Eurico e cerca de 400 quilos mais pesado. Mas Zeli o havia treinado bem. Observando enquanto os outros montavam o cavalo, Eurico avaliou o animal e identificou algumas das suas peculiaridades. Ele percebeu que não deveria segurar o cavalo com muita força, especialmente depois que o primeiro menino agarrou as rédeas e foi lançado para fora "como um saco de batatas." No momento em que Eurico montou o cavalo, ele disse: "Eu poderia tê-lo montado com uma mão."

Terminada a cavalgada, Eurico voltou à arquibancada e sentou-se ao lado de um par de jóqueis, que se viraram para ele e aplaudiram. "Estou pensando, *Um dia voltarei para minha cidade com esses caras.*"

Quando o dia terminou, mais 12 meninos foram eliminados. Os sobreviventes passaram os três dias seguintes fazendo exames físicos em clínicas de São Paulo. Eles se encontraram com médicos que examinaram sua visão, audição, reflexos, coração e capacidade pulmonar.

"Eu me sentia confiante", diz Eurico, "mas tinha medo de que minha asma ainda pudesse me desqualificar."

Mesmo durante os dias de teste, ele usava seu spray para asma com frequência, mas nunca à vista de outro menino e, certamente, não em um lugar onde o diretor ou a equipe pudesse notá-lo.

"Nunca mostrei a ninguém o que tinha. Eu estava com medo que eles me cortassem."

Com os testes concluídos, Eurico e os outros meninos se reuniram, na sexta-feira, na enfermaria da pista para sessões individuais com Maurício e o médico especialista da pista, Dr. Kondo. Eurico esperou enquanto um menino após o outro entrava no escritório e saía de novo. Um deles deixou o escritório e começou a chorar, eliminado por causa da sua visão deficiente.

"O médico era um gordo de óculos", diz Eurico. "Quando eu entrei, ele estava olhando alguns papéis e rindo com o Maurício. Eu estava pensando, *Continue rindo. Continue falando.* Enquanto eles estivessem conversando e rindo, eles não prestariam muita atenção em mim."

Por fim, o médico voltou-se para Eurico. "Você tem um pequeno problema com os olhos", disse ele, "mas não é nada sério. Seus exames de sangue mostram algumas anormalidades. Você tem alergia?"

Sabendo que sua reação ao mofo às vezes prejudicava sua respiração, Eurico manteve uma expressão séria e disse: "Durmo na cocheira, sem problemas. Estou bem."

O resto dos seus testes, disse o Dr. Kondo — coração, reflexos e audição — foram bons. Ele se virou e retomou a conversa com Maurício. Eurico estava prestes a sair quando o doutor perguntou: "Eu olhei a sua radiografia de tórax?"

"Não sei", disse Eurico, esperando que o médico esquecesse.

Dr. Kondo mostrou o raio-x de Eurico. "Você tem asma?", perguntou.

"Não, só um resfriado."

"Se você tivesse asma", disse o Dr. Kondo, "você não passaria."

Obrigado, meu Deus, pensou Eurico ao sair apressado do escritório.

CAVALGANDO PELA LIBERDADE

Sabendo que a escola só comportava seis vagas, os últimos sete candidatos aguardavam do lado de fora da porta fechada do consultório até que Maurício decidisse com Gaston e o médico qual deles cortaria. Quando a porta se abriu, Maurício disse a eles que tinham decidido ficar com os sete meninos. Para abrir espaço para eles, ele liberaria um aprendiz que já havia passado um ano na escola e não tivera bom desempenho.

O treinamento começou no dia seguinte, mas os meninos ainda precisavam de um termo de responsabilidade, assinado pelos pais, que reconhecesse os riscos envolvidos na busca pela carreira profissional de jóquei. A isenção desobrigava a escola de responsabilidade, caso um dos meninos fosse ferido ou morto. Alguns dos pais ficaram com os filhos durante a semana e assinaram os termos de responsabilidade na hora. Maurício se ofereceu para telefonar para a mãe de Eurico, mas ele disse para ligar primeiro para Zeli Medeiros. Sabendo que sua mãe já havia se oposto à sua escolha da carreira, Eurico pediu a Zeli que fosse com ele a Buri. "Eu vou cuidar disso, meu filho", disse Zeli. "Você fica aí e se concentra no seu trabalho. Seja um bom menino."

O termo, assinado por sua mãe, chegou alguns dias depois. Mas somente anos mais tarde, Zeli contou a Eurico sobre seu encontro com Aparecida. Quando ele dirigiu para Buri, ele não a localizou e teve que perguntar à avó de Eurico onde ela estava. Sua avó encaminhou Zeli para uma fazenda de resinagem próxima, onde a mãe de Eurico estava coletando resina das árvores, removendo pedaços de casca e enchendo lentamente baldes com o líquido pegajoso. São necessários cerca de 10 quilos de resina para fazer um litro de terebintina, e a mãe de Eurico havia colhido centenas de quilos em semanas de trabalho, com a resina pegajosa parecida com cola e cheirando a pinho, para ganhar dinheiro para comida, roupas e provisões para o irmão e a irmã de Eurico. "Fiquei muito triste por vê-la trabalhando assim", disse Zeli mais tarde.

Quando ela viu Zeli, pensou que ele tinha vindo trazer más notícias sobre Eurico. Zeli a acalmou e pediu que ela assinasse o termo de responsabilidade. A mãe de Eurico respondeu que não faria isso. "Não quero que meu filho seja morto", disse ela.

Zeli estendeu o termo e uma caneta, olhou-a nos olhos e disse: "Prometo que, se você assinar este formulário, seu filho virá e tirará você desta vida miserável para sempre."

Para Eurico, cumprir essa promessa levaria mais 18 meses.

Na manhã seguinte à seleção, os aprendizes foram entrevistados por repórteres de TV e jornais de todo o país. Vestidos com seus novos uniformes de calças brancas de cavalgada e camisas azuis de mangas curtas com acabamento branco e um brasão no peito, eles responderam a perguntas sobre sua infância, ambições e jóqueis favoritos. No dia seguinte, Eurico viu seu nome em jornais como *Folha*, *Estadão* e *Diário Popular*, e viu clipes dele e dos seus colegas aprendizes na TV. "Você se sente um profissional", diz ele.

Ele se mudou da cocheira para o dormitório da escola, onde dividiu um quarto com três outros meninos, dormindo em beliches. O dia começava com o café da manhã às 5h30. Às 6h, eles estavam recebendo ordens de Gaston para levar os cavalos para a pista para outros jóqueis montarem. Para cada cavalo que tiravam da cocheira, um treinador dava uma pequena gorjeta, que podiam gastar como quisessem. Eles almoçavam e jantavam no restaurante do Jockey Club e voltavam para o dormitório à noite. A escola impunha um toque de recolher às 22h, estritamente reforçado com pena de expulsão, e deu aos meninos uma noite por semana, terça-feira, para entrar e sair quando quisessem.

Duas tardes por semana, os meninos se reuniam em uma salinha da escola para assistir a filmes de corridas. Gaston usava o replay das corridas para dar aulas aos aprendizes sobre técnica, estratégia e como evitar erros. De vez em quando, ele parava um filme para mostrar a maneira correta de segurar um cavalo ou a maneira errada de largar do partidor. As aulas foram críticas, especialmente os erros. "Se cometer um vacilo", diz Eurico, "você pode morrer."

Os meninos logo passaram a confiar em Maurício e Gaston.

"Maurício era nosso pai e nossa mãe, nosso amigo e inimigo, todos envoltos em um só. Ele era muito rígido, mas sempre nos defendeu, principalmente quando éramos intimidados pelos jóqueis mais velhos", disse um ex-aprendiz chamado Manoel Nunes.

Depois de algumas semanas, Gaston deu sua aprovação a alguns dos aprendizes para começarem a galopar na pista. Mas continuou a segurar Eurico, porque ele não tinha ganhado peso o suficiente. Não foi porque ele não tentou. "Todos os dias eu comia, comia, comia", diz ele. "Se outros meninos comiam um pedaço de pão, eu comia dois." Ele comprou cerveja preta, usando o dinheiro que economizava em gorjetas. "Falaram-me que me ajudaria a engordar."

Eurico sentiu-se frustrado, mas foi encorajado por alguns dos jóqueis profissionais que conheceu e, especialmente, por Luis Duarte. Ele começou a convidar Eurico para sua casa nas noites de terça. Junto com outros oito ou nove aprendizes e jóqueis, eles atravessavam uma das pontes do Rio Pinheiros para as boates do Baixo Augusta, bairro de bares de prostituição e *strip clubs* a caminho do centro de São Paulo. Eurico tinha apenas 16 anos, mas os jóqueis gastavam muito dinheiro e as boates os recebiam sem questionar. Algumas noites, eles ficavam até depois do estabelecimento fechar, festejando com as garotas que conheciam. Uma noite, um aprendiz pagou uma garota para fazer sexo com Eurico. Depois disso, Eurico mal podia esperar a chegada da noite de terça-feira.

Durante quatro meses, ele esperou que Gaston o deixasse galopar. Gaston havia comunicado que daria sua permissão assim que o peso de Eurico ultrapassasse 40 quilos. Quando atingiu esse objetivo, Gaston finalmente disse que ele estava liberado. "Mas apenas para o seu treinador designado", acrescentou.

Eurico havia sido designado para Milton Signoretti, um treinador experiente que trabalhava para alguns dos proprietários e criadores mais bem-sucedidos do Brasil. "Ele era um dos melhores treinadores de São Paulo", diz Eurico, "muito respeitado."

Para os primeiros treinos de Eurico, Signoretti escolheu um cavalo manso. Eurico mal podia esperar para galopar o cavalo na pista.

O hipódromo de São Paulo possui quatro pistas de corrida em circuito fechado. Dois são usados para corridas oficiais: um com uma superfície de grama e o outro com areia, ambos com aproximadamente 2 mil metros. Duas outras pistas auxiliares de areia são usadas principalmente para treinamento.

Quando os aprendizes e jóqueis levavam seus cavalos para a pista de manhã cedo, eles praticavam suas próprias habilidades, mas também trabalhavam com os cavalos para prepará-los para uma corrida. Eles podiam começar o dia com o trote e o galope de rotina e, em seguida, trabalhar com o cavalo sob comando para alternar as pernas corretamente.

CAVALGANDO PELA LIBERDADE

"Todos nós sabíamos 'andar de bicicleta'", diz Eurico, "mas ainda tínhamos muito o que aprender."

Contornar o cavalo na curva era um movimento crítico. Até chegar a São Paulo, Eurico havia corrido apenas em linha reta. Galopando nas pistas de circuito fechado do hipódromo, ele teve que aprender a guiar seu cavalo em uma curva. Caso contrário, o cavalo podia continuar correndo em linha reta e jogá-lo por cima de uma cerca.

Um cavalo a galope estende as pernas de um lado do corpo mais do que as do outro lado. Em São Paulo, onde os cavalos correm no sentido anti-horário, eles lideram em linha reta com a perna direita. Quando fazem uma curva, mudam de direção para a esquerda, o que encurta sua passada e permite que faça a curva com mais eficiência e use menos energia para correr mais rapidamente. Para fazer isso, um cavalo precisa aprender a mudar de perna na hora certa, e o jóquei tem que aprender a dar as instruções a ele. "Não é fácil", diz Eurico. "Você usa suas mãos e seu corpo, e você cronometra para que os cascos do cavalo fiquem no ar, não no chão. Você tem que estar conectado ao cavalo para fazer isso direito."

Com suas habilidades afiadas, Eurico estava pronto para começar a trabalhar para outros treinadores além de Milton Signoretti. Havia 2.200 cavalos na pista durante seu aprendizado, e um treinador desenvolvia um programa para cada um. Cada cavalo era diferente e estava aprendendo no seu próprio compasso. Os cavalos seguiam ritmos distintos, enérgicos pela manhã, talvez lentos à tarde. Alguns eram gentis, alguns eram teimosos e alguns eram malandros ou rabugentos.

Todas as tardes, por volta das 14h30, o Jockey Club interrompia o tráfego e fechava as ruas internas para que os treinadores pudessem caminhar com seus cavalos. Os aprendizes

> *Desde que chegou à escola de jóqueis, Eurico foi ficando cada vez mais confiante, à medida que ganhava peso e aprendia novas habilidades. Agora, ele esperava que Gaston lhe desse luz verde para participar de uma corrida.*

também os ajudavam a fazer isso. Eurico trabalhou o ritmo e o tempo com seus treinadores, fazendo um cavalo correr mil metros em tempos diferentes — um minuto e um segundo, por exemplo, ou um minuto e dois segundos —, ajudando o treinador a avaliar o desempenho do cavalo e sua preparação para uma corrida.

Desde que chegou à escola de jóqueis, Eurico foi ficando cada vez mais confiante, à medida que ganhava peso e aprendia novas habilidades. Agora, ele esperava que Gaston lhe desse luz verde para participar de uma corrida. O primeiro aprendiz do seu grupo a receber permissão havia participado de uma corrida depois de apenas dois meses e meio. Eurico foi o último. Uma criança irritada por natureza. "Fiquei puto", diz ele. Ele ainda escondia sua asma, também. E isso o deixava carrancudo. Depois de um dia em que permitiu que sua raiva o dominasse, ele foi assombrado durante o sono por visões de uma figura sombria. Ele pensou ter reconhecido o rosto da Santa Vó Rosa, cuja face séria por trás dos óculos escuros ele havia avaliado constantemente em pôsteres nas paredes da casa dos seus pais e na igreja para onde o levavam quando menino aos domingos. Ele queria dar uma olhada mais de perto, mas a imagem o assustou e ele a empurrou para fora da sua mente. Eurico não havia tido essa visão em todo o tempo que tinha passado com Zeli Medeiros em Itapetininga. Mas agora ela aparecia em seus sonhos, deixando-o apavorado e desamparado.

Aos olhos implacáveis da Santa Vó Rosa, Eurico sempre se sentiu culpado.

Mesmo depois de atingir 40 quilos, seu peso ainda era seu pior inimigo. Em corridas de treinamentos, os cavalos carregam pesos diferentes com base na avaliação de um *handicapper*. Quanto melhor o cavalo, mais peso ele carrega, para dar aos cavalos mais lentos uma chance justa de competir. Quanto menos um jóquei pesa, mais peso um treinador tem que adicionar, na forma de pesos de chumbo inseridos nos bolsos da sela de um cavalo, para compensar. "Os treinadores não gostam de ter que adicionar peso extra a uma sela grande", diz Eurico.

Mesmo com seu peso leve, os treinadores ainda tinham algum incentivo para contratar um aprendiz não testado como ele. Ele não tinha vencido uma única corrida ainda, e até vencer 11 delas, o treinador tem a vantagem de fazer o cavalo correr com cinco quilos a menos. Depois disso, o aprendiz tem uma vantagem de quatro quilos até vencer 21 corridas, seguidas de vantagens de três quilos, dois quilos e finalmente um quilo até vencer sua 70ª corrida.

As mesmas categorias determinam a idade do cavalo que um aprendiz pode montar. Os aprendizes de quinta categoria só podem montar a cavalo se o animal tiver cinco anos ou mais. Cavalos mais velhos têm mais experiência e geralmente correm por um prêmio da bolsa menor do que cavalos mais jovens e inexperientes, que podem ganhar uma corrida inesperadamente e gerar um pagamento maior.

Em sua primeira corrida, Eurico montou para um treinador que veio do Jockey Club de São Vicente para São Paulo. O nome do cavalo era Figuroso. Eurico o montaria em uma corrida de 1.200 metros na pista de areia contra nove outros puros-sangues. Ele estava animado por finalmente estar participando de uma corrida, mas não estava ansioso. Ele havia aprendido bem com as lições de Zeli e Gaston. "Minha única preocupação era fazer a curva."

Esta não era uma preocupação fútil. Pouco antes da sua primeira corrida, um galopador não havia feito a curva. Seu cavalo o atirou por cima de uma cerca e o galopador morreu.

No dia da corrida, Eurico guiou Figuroso do *paddock*, em uma tarde ensolarada. Das arquibancadas, 8.000 espectadores olhavam o campo, a brisa soprando os jardins de flores em direção ao Rio Pinheiros e o horizonte distante do centro de São Paulo.

Como todos os outros jóqueis da corrida, Eurico estava vestido com as cores do dono do cavalo. Apenas a manta branca com um número vermelho embaixo da sela o identificava como um aprendiz.

Eurico não precisava se lembrar de que estava prestes a começar sua primeira corrida em uma das principais pistas do mundo. *Você tem que ser muito bom para montar aqui*, ele pensou. No partidor, ele olhou em volta para os outros cavalos e seus jóqueis. *Você está indo contra atletas da classe mundial.*

Quando o portão se abriu, dez cavalos avançaram e seguiram direto. Eurico montou com confiança e habilidade rente à cerca, e sua confiança aumentou depois que ele fez a primeira curva sem incidentes. Figuroso fez uma boa corrida e terminou em sexto lugar, bastante respeitável para o cavalo e seu cavaleiro iniciante.

"Você não tem um bom cavalo quando começa. No início, você não consegue boas montarias, mas meu treinador disse que tentaria me dar um cavalo vencedor da próxima vez."

Cumprindo sua palavra, o treinador designou Eurico a um cavalo chamado Tavis e, em 6 de junho de 1992, ele venceu sua primeira corrida. Ele tinha 16 anos, faltavam três semanas para seu aniversário. Depois disso, as primeiras vitórias vieram lentamente, depois com mais frequência. Quando ele completou 17 anos, já tinha ganhado mais de 20 corridas.

Para cada vitória, Eurico recebia a taxa básica que todos os jóqueis ganham em uma corrida, junto com 10 por cento da parte do dono do cavalo na bolsa. O mesmo padrão foi aplicado mais tarde, em pistas de Macau e Canadá. Em uma corrida com um prêmio da bolsa de US$ 100.000, o vencedor ganha US$ 60.000, dos quais o jóquei ganha US$ 6.000; o segundo colocado ganha US$ 20.000, e o terceiro ganha US$ 10.000. Eurico estava recebendo mais de dez mil reais por mês.

Logo, Eurico estava ganhando mais dinheiro do que já havia visto na vida. Mas ele não tinha a chance de gastá-lo como outro garoto de 16 anos faria. Em vez disso, sob as regras da escola de aprendizes, Maurício mantinha seu dinheiro em uma conta autônoma. Ele dava a Eurico algum dinheiro para gastar em suas aventuras de terça-feira à noite, mas a maior parte permanecia segura na conta. Para sacar o dinheiro, Eurico precisava da assinatura de Maurício, e Maurício não a concedia facilmente.

À medida que ganhava mais corridas como aprendiz, Eurico continuava morando no dormitório da escola de jóquei, sob as mesmas regras e regulamentos. Mas com o sucesso, ele ficou mais ousado e mais arrogante. Agora, passava a sair furtivamente do complexo nas noites que não eram terças-feiras, para visitar as boates do Baixo Augusta e festejar com os amigos e as mulheres que lá encontrava.

Os treinadores o alertaram para ter cuidado. O serviço de segurança da escola sabia quando ele saía e quando voltava. Se ele não se precavesse, avisaram, ele seria expulso da escola.

Uma tarde, Maurício chamou-o ao seu gabinete. Disse-lhe que ele e Gaston sabiam o que Eurico estava fazendo. "Cuidado com o seu comportamento com as meninas", falou Maurício. "Você vai ter muitas garotas, mas não porque você é bonito. Eu sou bonito, você não. Você terá meninas porque possui dinheiro."

Eurico acalmou seu comportamento até vencer a 70ª corrida e se tornar, aos 17, um jóquei profissional totalmente qualificado. Levou 11 meses. Como o último aprendiz do seu grupo a começar a correr e um dos primeiros a terminar o aprendizado, foi nomeado Aprendiz Campeão.

Não demorou muito para os treinadores reconhecerem o talento de Eurico como jóquei. Ele era trabalhador, focado e dedicado. Era bom com cavalos e sabia como relaxá-los quando corriam. Os treinadores podiam confiar que ele faria o melhor que pudesse. Ele até salvou a vida de um cavalo.

Zeli Medeiros havia trazido de Itapetininga uma égua de cinco anos chamada Gata do Sol, e pediu a Eurico para montá-la. Alazã clara, nervosa e rápida, era a favorita na corrida e abriu uma vantagem de três corpos assim que os cavalos largaram do partidor. Ela teria vencido a corrida facilmente se não tivesse sofrido um ataque cardíaco e caído pesadamente no chão. Enquanto os outros dez cavalos passavam correndo, Eurico começou a fazer RCP (reanimação cardiopulmonar) na Gata do Sol, empurrando as costelas dela primeiro com as mãos, depois com os pés. Finalmente, ele rastejou até sua cabeça e exalou em seu focinho. O cavalo inalou o ar da boca de Eurico e começou a respirar novamente, então puxou suas pernas para baixo e se levantou. Por causa do coração, Zeli aconselhou a proprietária a não colocar a Gata do Sol em outra corrida. Se ela o fizesse, Eurico não a montaria.

Anos mais tarde, mais precisamente em março de 1998, uma mensagem sobre o ocorrido fora publicada no *Jornal do Turfe*, um impresso de circulação nacional. Nele, o fã e leitor José Manoel N. Guedes, do estado do Rio Grande do Sul, dizia:

Obrigado, Eurico Rosa

Faz muito tempo, lá se vão quatorze anos em que não escrevo uma linha sequer sobre o meu hobby de coração: o cavalo de corrida. Entretanto, por dever de consciência, acordei do período de hibernação para, com a maior justiça de todas, prestar uma singela homenagem a um jovem e talentoso profissional que atua no Hipódromo de Cidade Jardim, sendo sobejamente considerado um dos melhores jóqueis daquele centro.

Na reunião do dia 13 do presente mês, mais precisamente na 4ª corrida, montando a égua Gata do Sol, viu a sua dirigida sofrer uma queda na reta final. Corajosamente e com a convicção dos grandes de espírito, pôs-se a prestar-lhe os primeiros socorros, na forma de procedimentos emergenciais, poupando-a de um sofrimento maior e, quem sabe, salvando-lhe a vida.

Tal atitude valeu-lhe, merecidamente, um voto de louvor pela Comissão de Turfe do Jockey Clube de São Paulo, o qual irá constar devidamente em seu prontuário funcional.

Eurico, o teu apego, o teu senso de humanidade e o teu valor pessoal só te engrandecem perante à sociedade e aos teus. Poucos, a meu juízo, teriam o gosto e o desprendimento que você demonstrou.

Com teu nobre gesto, diferencia-te como indivíduo, dentro de uma sociedade marcada, nos dias de hoje, pela violência, maldade, desrespeito e pela falta de princípios. Que o teu exemplo frutifique perante olhos menos privilegiados do que os teus.

Os cavalos e aqueles que realmente se preocupam com eles ficam profundamente agradecidos a você, Eurico.

Que Deus te ilumine!

A carta com esta mensagem escrita à caneta viria a chegar às mãos de Eurico meses depois, e as palavras ficaram carinhosamente guardadas na sua lembrança.

CAVALGANDO PELA LIBERDADE

Ainda sobre a época em que salvou a Gata do Sol, Eurico diz: "Aprendi muito com Zeli e Gaston. Eu também estava muito focado. Eu estava determinado a nunca mais voltar para a vida que havia deixado para trás, em Buri. E eu estava motivado pela raiva que sentia por causa do meu pai."

Como profissional, Eurico poderia morar onde quisesse e não teria mais que obedecer às regras aplicadas aos aprendizes, mas Maurício o aconselhou a ficar mais um pouco no dormitório, até que ganhasse mais maturidade. Eurico rejeitou o conselho. Disse a Maurício que já havia combinado se mudar para a cocheira de Milton Signoretti. "Foi o maior erro da minha vida."

Na escola, "Maurício e Gaston me davam cobertura", conta. "Eles me protegiam de mim mesmo e dos outros."

Havia cerca de 50 jóqueis profissionais na pista naquela temporada, e a maioria deles dava as boas-vindas a Eurico em suas fileiras. Mas alguns deles tinham ciúmes do seu sucesso e invejavam a promessa que ele já havia se tornado. Como aprendiz, ele montava com a vantagem do peso. Agora, como profissional, ele estava em pé de igualdade com o resto dos jóqueis, incluindo os que não gostavam dele. "Vamos ver você ganhar agora", ele os ouvia resmungar. Eles o importunavam sobre sua origem simples, zombavam do seu sotaque e da sua inexperiência, não apenas como jóquei, mas também como homem. Eles eram valentões fracos e descontentes que ficavam satisfeitos em montar só pelo valor de uma montaria e um pequeno prêmio da bolsa se o seu cavalo corresse bem. Eles se ressentiam da ambição de Eurico e da maneira como ele já havia atraído a atenção dos treinadores, que queriam que ele montasse seus cavalos. Em Eurico, eles viam uma lembrança da sua própria mediocridade. Ele era uma ameaça ao sustento deles, e eles tentaram reduzi-lo. A hostilidade deles o intimidou. A zombaria deles o lembrava do seu pai.

Agora, Eurico tinha a liberdade de fazer o que quisesse, quando quisesse. "Mas eu fiz uma coisa inteligente", diz ele. "Pedi ao Maurício para ficar com o meu dinheiro na conta conjunta. Queria comprar um apartamento e trazer minha mãe para São Paulo e precisava de dinheiro para isso."

Maurício podia ajudar Eurico a administrar suas finanças, mas não podia fazer muito em relação aos desafios mais profundos que envolviam o seu relacionamento com as mulheres. Outros jóqueis tinham relacionamentos estáveis com suas namoradas. Eles falavam sobre casamento, criação de filhos, criação de um lar. Os relacionamentos de Eurico raramente duravam mais do que algumas semanas, e a maioria das garotas que passavam um tempo com ele eram prostitutas.

Ele teve várias oportunidades de se envolver com garotas que queriam algo mais do que uma noite de diversão. Ele era um menino trabalhador, apresentável apesar da sua raiva latente, e tinha um futuro impressionante pela frente como jóquei. Os treinadores e proprietários dos estábulos ocasionalmente o apresentavam às filhas. As namoradas dos outros jóqueis se ofereciam para apresentá-lo às amigas. Mas as críticas depreciativas do seu pai, que dava tão pouco valor ao filho a quem não havia dedicado mais do que dois minutos do seu tempo em cinco anos, continuavam a atormentá-lo. Ao longo do tempo, Eurico levou essas críticas a sério e acreditou nelas. Agora, a voz que as expressava era a sua: ele era inútil, um fardo, uma farsa, dizia a si mesmo. "Nunca senti que tinha algo a oferecer", diz ele.

Como se precisasse provar a si mesmo que as críticas eram válidas, que realmente não merecia o carinho de uma garota generosa, inteligente e leal, ia a boates, embebedava-se e pagava para fazer sexo, confirmando a si mesmo que não era bom o suficiente para atender às expectativas de nenhuma mulher sobre um homem. Seu medo das suas limitações tornava-se autossuficiente. Assim que uma garota mostrava interesse por ele, ele questionava seu julgamento. "Por que ela está saindo com um merda como eu?"

A explicação para seu comportamento teria sido óbvia se ele tivesse a chance de procurá-la com a orientação de um terapeuta. Mas isso não ocorreu a ele. Em vez de chegar a um acordo com seus demônios e investir em um relacionamento sério, ele achava mais fácil e menos exigente com suas emoções passar tempo com prostitutas. "Algumas gostaram de mim. Elas me deram seus números de telefone e sugeriram que fôssemos ao cinema ou jantássemos juntos." Mas assim que tentavam se aproximar dele, ele encerrava o acordo. Ele não confiava no julgamento delas, nem confiava em si mesmo para manter um relacionamento monogâmico com uma mulher que gostava dele. *Por que elas vão querer ficar comigo?*, ele se perguntava.

Acostumado agora aos constantes sentimentos de vergonha, culpa e raiva, Eurico concluiu que não tinha escolha quanto às emoções que coloriam seu mundo. Ele nunca considerou que seu pai pudesse ter tirado essa escolha dele ou que a maneira como seu pai o tratara 15 anos antes pudesse ter qualquer influência na vida que ele levava agora. Ele não conseguia juntar as ligações entre o comportamento do seu pai e o seu. Não conseguia ver a presença do seu pai na maneira como conduzia casos furtivos e sórdidos com as mulheres. Eurico apenas aceitava que era filho do seu pai, que havia herdado o narcisismo dele e que seu caminho pela vida seria guiado pela mesma bússola moralmente comprometida como seu pai havia seguido durante toda a sua infância. Acreditava que a raiva, a culpa e a vergonha que sentia não tinham nada a ver com ninguém além de si mesmo. Era o autor da sua própria situação. Era o culpado pelas deficiências que o desqualificavam de desfrutar o amor e a confiança mútua de outro ser humano. Para provar isso, ia a boates de São Paulo e fazia a mesma coisa, sem parar.

Eurico mal dava atenção às qualidades que o distinguiam como um indivíduo digno, mas outras pessoas, sim. Eles reconheciam sua força de caráter, sua determinação, sua compaixão e sua consideração. "As pessoas ficavam felizes em passar um tempo comigo", diz ele, "mas eu pensava que era uma fraude."

Ele também sentiu medo, especialmente de alguns dos seus colegas jóqueis. A maioria deles se comportava como profissionais com uma função a cumprir, mas alguns deles intensificavam o assédio. Eles esbarravam nele a caminho do chuveiro. E murmuravam para que ele se atentasse às suas costas.

Em maio, competindo em uma corrida na pista de areia, Eurico havia feito a curva mais distante entre dois outros jóqueis e seus cavalos. Galopando pela reta, ele sentiu uma sensação de ardência nas costas. Ele olhou para a esquerda e viu que o jóquei ao lado dele o estava açoitando com seu chicote. Eurico impulsionou seu cavalo e terminou a corrida à frente do seu atacante. No vestiário dos jóqueis, ele descobriu, ao tirar a camisa, que suas costas estavam sangrando. O médico da equipe tratou dos seus ferimentos e disse a Eurico que ele deveria relatar a agressão aos juízes de corridas. Eurico relutou em denunciar o outro jóquei, mas o médico insistiu. "Se você não fizer isso", disse ele, "eu farei."

Os juízes de corridas suspenderam o agressor de Eurico

por seis meses. Mas Eurico temia ser atacado novamente. "Eu vivia com medo de que esses caras me espancassem", diz ele. E decidiu fazer algo a respeito.

Por meio de um treinador de outra cocheira, Eurico comprou uma arma. Ele dormiu com ela debaixo do travesseiro naquela noite. No dia seguinte, ele levou a arma para o vestiário dos jóqueis, que ficava embaixo da arquibancada. Ao passar pela porta, ele deslizou sua carteira e objetos de valor pelo balcão para o atendente, que os trancou em um cofre. Mas ele colocou a arma em uma mesa ao lado dele, à vista dos outros jóqueis chegando para o trabalho. "Nunca tive a intenção de usá-la", diz ele. "Eu só queria avisá-los para não brincarem comigo."

Nas noites seguintes, dormiu profundamente, perturbado pelo medo e pela imagem assustadora da Santa Vó Rosa. Na quinta-feira à noite, ele acordou com uma voz dizendo-lhe para tirar a arma de baixo do travesseiro e atirar em si mesmo. A voz era insistente. "Agora é a hora. Faça isso, já."

Ele ficou acordado pelo resto da noite, resistindo ao impulso de pegar a arma. Usou todas as suas forças para desobedecer ao comando. Ele imaginava que não tinha nada a oferecer, que era uma fraude e um fracasso. Ele não conseguia pensar em nenhuma razão para não se matar. "Eu não tinha ideia do que estava acontecendo na minha mente. Eu estava pirando." No dia seguinte, ele voltou para o treinador que lhe conseguiu a arma e pediu-lhe para vendê-la para outra pessoa.

Ele estava saindo da cocheira do treinador quando viu Maurício. Apesar de ter deixado o dormitório da escola, Eurico tinha ficado muito amigo de Maurício, e os dois continuavam a se encontrar três ou quatro vezes por mês. Maurício disse que queria falar com ele naquele dia e que era para ir ao seu escritório às duas horas. Pelo tom da sua voz, Eurico percebeu que havia feito algo errado. Quando ele chegou ao escritório, Maurício falou: "Ouvi dizer que você está com uma arma. Não me diga se é verdade ou não. Mas deixe-me dizer a você que homens de verdade não precisam de uma arma."

"Eu contei a ele que tinha acabado de vender", diz Eurico. "Eu nunca mais toquei numa arma."

Eurico tinha outro motivo para pedir ajuda a Maurício. Ele havia encontrado um apartamento na Raposo Tavares, a cerca de oito quilômetros a oeste da pista. A unidade de dois quartos fazia parte de um complexo construído pelo governo estadual. Era limpo, bem conservado e conveniente para que Eurico pudesse pegar o ônibus para o trabalho todos os dias. Mas o dono queria mais dinheiro do que Eurico desejava investir.

Eurico pediu a Maurício que negociasse com o dono do apartamento em seu nome. Com um negócio mais aceitável, Eurico pagou o apartamento à vista, com um cheque coassinado por Maurício, e se mudou. Poucos dias depois, visitou a mãe em Buri e a trouxe para São Paulo, junto com o irmão e irmã mais novos, para viverem com ele.

Para persuadir o pai a se juntar a eles, Eurico arranjou para ele um emprego como motorista de ônibus de trânsito municipal. Antes de começar, bastava passar em um exame de direção simples, que Eurico havia agendado para ele.

O pai de Eurico finalmente veio para São Paulo por duas semanas. Quando o fez, Eurico aproveitou para falar com ele sobre o passado e o futuro deles. "De homem para homem", conta ele, "eu disse: 'Vamos fazer uma nova vida. Vamos deixar o passado para trás.' Mas meu pai não respondeu. Ele apenas ficou com a cabeça baixa enquanto eu falava."

No dia seguinte, o pai de Eurico voltou para a fazenda.

"Ele nem mesmo fez o teste", diz Eurico.

No sábado seguinte, Eurico foi trabalhar no Jockey Club como de costume, por volta das cinco da manhã. Enquanto ele estava fora, sua mãe levou seu irmão e sua irmã de volta a Buri para visitarem o pai e convencê-lo a voltar para São Paulo para viver com eles como uma família. Naquela noite, Eurico retornou para seu apartamento vazio. Mais tarde, quando ele estava sentado sozinho, antes de ir para a cama, sua mãe chegou com seu irmão e irmã. Ela estava chorando. Quando Eurico perguntou o que havia acontecido, ela disse que tinha entrado na casa em Buri com as crianças e encontrado o pai deles na cama com outra mulher.

A crueldade do seu pai o enfureceu. "Eu disse: 'Mamãe, eu falei a você toda a minha vida que ele não é um homem bom. Você sabe que ele é assim'."

Sua mãe disse que nunca mais voltaria para ele. "E dessa vez", diz Eurico, "ela cumpriu."

Mas com seu casamento em frangalhos, vivendo em um apartamento estranho em uma cidade desconhecida, sua mãe ficou deprimida e sua saúde piorou. Quando ela se queixou de dores no peito às duas da manhã, Eurico a levou ao hospital. "Eu não entendia o que estava acontecendo", diz ele. "Eu estava focado em competir."

Embora discutisse e brigasse com o irmão, Eurico confiava nele e na irmã para ajudarem sua mãe enquanto ela se adaptava às novas circunstâncias. Sua própria vida como jóquei o consumia e exigia sua atenção.

Em dias de corrida, de quarta a domingo, ele deixava o apartamento às 4h30 e só voltava da pista à noite. Às segundas e terças-feiras, ele se juntava a outros atletas em um centro de treinamento em Porto Feliz, a cerca de uma hora a oeste da cidade, inicialmente andando de carro com seu amigo Duarte ou outro jóquei. Mas quando completou 18 anos, comprou seu primeiro veículo, um Volkswagen Variant vermelho de duas portas que tinha quase quatro anos. Depois disso, ele passou a dirigir sozinho, embora precisasse de um travesseiro para se levantar o suficiente para enxergar por cima do volante.

E Eurico continuou a ganhar corridas. Logo recebeu dinheiro suficiente para comprar um segundo apartamento, ao sul da Raposo Tavares, em um bairro mais próspero chamado Campo Limpo, com ruas arborizadas e parques paisagísticos. O complexo de apartamentos tinha sua própria piscina. Da sua varanda, Eurico podia olhar para o leste em direção ao hipódromo e aos prédios da cidade no horizonte.

Ele tinha acabado de se mudar para sua nova casa quando dirigiu para Buri e encontrou uma garota em uma danceteria que ele conhecia há vários anos. "Ela era mais louca do que eu", diz ele, o que o encorajou, já que ela tinha expectativas semelhantes às de Eurico em seus relacionamentos. Os pais dela moravam em Buri.

Com o passar do tempo, os pais da menina se separaram e a mãe dela foi morar no litoral paulista, a cerca de 230 quilômetros de distância. Eurico já havia concluído que o relacionamento entre eles fracassaria.

"Eu deveria ter parado de vê-la", diz ele, "mas quando planejei acabar com aquilo, a mãe dela tentou se matar. Eu ainda sentia pena dela."

A garota se mudou para o apartamento de Eurico e morou com ele pelos oito meses seguintes. Quase imediatamente, ela começou uma série de casos, e Eurico também. Acreditando que não era merecedor de nada melhor, Eurico manteve-se na inércia até que certa noite voltou para casa e encontrou a esposa de um dos seus colegas jóqueis do lado de fora do seu apartamento. "Sua namorada está tendo um caso com meu marido", disse ela.

Eurico dependia mais dos seus colegas jóqueis do que de qualquer outra pessoa em sua vida. Ele não estava disposto a deixar sua namorada comprometer o apoio que ele havia recebido deles. Ele entrou no apartamento e disse a ela que o relacionamento havia terminado. Mas ela não queria ir embora.

Eurico telefonou para Zeli Medeiros. "Meu filho", disse Zeli, depois de ouvir a história, "você tem que sair dessa vida."

Eurico finalmente persuadiu a menina a voltar para o pai em Buri, mas no dia seguinte, o pai dela telefonou para ele. Ordenou que Eurico fosse até Buri, pegasse a filha e a levasse para a casa da mãe à beira-mar, uma viagem de ida e volta de mais de 450 quilômetros.

Mais uma vez, Eurico convenceu Zeli a ajudá-lo. "Fomos de carro até Buri", diz Eurico, "e a buscamos."

Quatro horas depois, no litoral paulista, eles estavam do lado de fora da casa da mãe dela. Quando a mulher abriu a porta, Eurico disse: "Aqui está sua filha. Aqui estão as roupas dela. Terminamos."

Eurico levou Zeli para casa. Demorou cerca de uma hora e meia. Ao longo do caminho, ele decidiu nunca mais se deixar entrar em tal situação.

"Depois disso", ele diz, "sem mais namoradas."

A partir de então, Eurico se concentrou ainda mais intensamente em um objetivo muito menos exigente e muito mais satisfatório. "Tudo que eu queria era ser campeão."

Vencendo o Grande Prêmio Derby, São Paulo, 1994: Eurico no Franz Post

CAPÍTULO QUATRO

Os campeões têm que acreditar em si mesmos, mas até então, Eurico não tinha encontrado uma maneira de fazer isso. Isolado e com medo, ele considerava o mundo uma ameaça e respondia com raiva aos seus desafios. Ele não se sentia merecedor do amor de ninguém e encontrava maneiras de compensar suas dúvidas sobre si mesmo, embora nunca pudesse ignorá-las. Ele pagava mulheres para lhe proporcionar os prazeres momentâneos de um relacionamento, sem os custos e recompensas de se compartilhar uma história com outra pessoa. Em busca da validação de uma vida que parecia sem valor, ele começava a apostar no resultado das suas corridas, como se o dinheiro ganho pudesse lhe fornecer a afirmação irrestrita do seu valor como filho, irmão e homem que ele nunca havia recebido do seu próprio pai, não importava o quanto ele tivesse tentado.

Como muitos outros jóqueis, Eurico começou a jogar ainda como aprendiz. "Maurício dava dinheiro para gastar nas noites de terça. Eu pegava e apostava para saciar meu desejo sexual. Com o que recebia, em vez de uma garota, eu podia pagar por duas ou três."

Ele aplicava às apostas a mesma atenção rigorosa que fazia ao seu papel de jóquei. Na sala dos jóqueis, ele estudava as formas de corrida, analisando o potencial de um cavalo com base em uma série de dados, desde a linhagem do animal até seus desempenhos anteriores na grama ou areia, em diferentes condições climáticas, sob diferentes pesos.

"Fui disciplinado", diz ele. "Esperei pelas oportunidades certas. Isso me fez prestar atenção."

Em seus 11 meses como aprendiz, os treinadores lhe deram bons cavalos para montar, e ele ganhou com frequência. Mas agora ele era um profissional, em pé de igualdade com todos os outros atletas na sala. Ele sabia que estavam olhando para ele e pensando, *Vamos ver se você vence agora.*

Eurico ganhou muito mais dinheiro do que perdeu, mas as apostas não o satisfizeram. "Mesmo quando você ganha, não é uma sensação boa. É uma compulsão. Você é movido por uma força que vem de algum lugar diferente de você."

Com seu próprio dinheiro em risco, Eurico se concentrou em vencer a todo custo, arriscando a si mesmo e a outros atletas. "Você fica mais agressivo quando corre", diz ele.

Apesar do sexo, das apostas e da raiva, Eurico continuou a demonstrar seu talento excepcional como jóquei. Se ele permanecia sem se convencer das suas próprias habilidades, outros o reconheciam como um vencedor. Alguns também o viam como uma ameaça. O jóquei que havia recebido uma suspensão de seis meses por chicotear Eurico durante uma corrida havia retornado e logo seria suspenso por chicoteá-lo novamente.

Em dias de corrida, na sala dos jóqueis, os modelos de inspiração de Eurico como Luis Duarte, Ivan Quintana e Albênzio Barroso se mantinham isolados, raramente fazendo contato visual com outros jóqueis. Mas um dia, Quintana chamou Eurico em um canto. Quando Eurico se sentou,

CAVALGANDO PELA LIBERDADE

Quintana o olhou atentamente. Ele era mais de 15 anos mais velho que Eurico, quase o suficiente para ser seu pai. "Você sabe como vencer", disse ele. "Mantenha a cabeça no lugar."

Eurico acabou aceitando o conselho do jóquei mais velho, mas enquanto isso, ele não conseguia vencer uma corrida. Agora que ele era um profissional, com apenas algumas vitórias na sua ficha, os treinadores não viam nenhuma vantagem em usá-lo para montar seus melhores cavalos. Eles começavam a lhe dar montarias medíocres, mas Eurico não parava de tentar. "Quando você é um vencedor, será sempre um vencedor. Você corre para vencer, mesmo se eles não investem em você", diz ele.

Sua sequência de derrotas durou mais de três meses. Quando seus melhores esforços não foram suficientes, ele ficou desanimado. Começou a se preocupar em nunca mais vencer. Dos ganhos como aprendiz e no primeiro ano como profissional, Eurico havia comprado um apartamento e tinha uma boa soma no banco. Mas ele sabia como era crescer sem dinheiro e a pobreza nunca estava longe da sua mente. Preocupado com a possibilidade de ficar sem grana, ele procurou um negócio que gerasse uma renda confiável. Um mecânico da oficina para onde havia levado o carro para manutenção disse que queria abrir uma oficina própria. Com o financiamento de Eurico, eles formaram uma parceria. Em uma cidade como São Paulo, onde quase todo mundo com mais de 18 anos depende do carro para se locomover, Eurico achou que havia encontrado a resposta para suas preocupações. Mas seu parceiro o decepcionou. Começou a ter problemas pessoais e seu trabalho sofreu com isso. Retirou dinheiro da empresa até que ela não pudesse mais funcionar. Eurico perdeu seu investimento.

Certa manhã, na pista, depois de trabalhar com os cavalos que deveria montar naquela tarde, Eurico se sentou em um banco e considerou suas opções. Ele ainda tinha algum dinheiro. Ele possuía um apartamento, o que geraria uma renda se ele alugasse a um inquilino. Ele poderia retornar para Itapetininga, trabalhar para Zeli Medeiros e voltar a estudar. *Posso sair dessa vida*, pensou ele.

Eurico estava perdido em seus pensamentos quando Milton Signoretti, o treinador, veio até ele. Signoretti tinha o hábito de esfregar o rosto com as mãos, da testa ao queixo, como se estivesse puxando uma persiana. Ele fez isso antes de falar. Contou que tinha um cavalo em seu estábulo que estava lhe dando problemas. Ele pediu a Duarte para montá-lo, mas o jóquei havia tido um conflito com a cocheira que o contratava e não conseguiu ir. Ivan Quintana tentou montar o cavalo, mas o achou muito difícil de controlar. O Hipódromo de Cidade Jardim tinha quatro pistas, e esse cavalo ia cortando as aberturas que as separavam. Se houvesse cavalos nas outras pistas, o surgimento repentino de um animal no meio deles poderia causar ferimentos ou morte para cavalos e jóqueis.

"Acho que a resposta é montá-lo com outro cavalo ao lado", disse Signoretti.

O cavalo era Franz Post, batizado pelo proprietário em homenagem a um pintor holandês que visitou o Brasil no século 17, antes de se tornar uma colônia portuguesa (no caso, o nome do pintor é Frans, não Franz). Signoretti conduziu Eurico até a barraca, onde deu uma olhada no garotão musculoso e castanho-escuro de três anos e se apaixonou. "Eu pensei, *Vou fazer este cavalo correr.*"

Naquela manhã, Eurico levou Franz Post para um galope

com um galopador em exercício ao lado dele, em outro cavalo. Nas semanas seguintes, ele fez isso várias vezes, começando com outros cavalos, mas geralmente terminando sozinho enquanto Franz Post fugia deles.

Sentindo-se mais confiante no cavalo e conhecendo sua capacidade de corrida, Eurico saiu, certa manhã, para trabalhar com Franz Post sozinho. Galopando na pista de treinamento coberta de areia, Franz Post cortou repentinamente a abertura para a pista adjacente, cruzou o restante das pistas e se chocou contra a cerca. Suas patas dianteiras se dobraram e sua cabeça caiu até quase bater no chão, mas Eurico se segurou e colocou o cavalo de pé novamente. Outros jóqueis viram o incidente e ficaram surpresos com o fato de Eurico ter permanecido em cima do cavalo. Logo a notícia de que Eurico havia demonstrado uma bravura excepcional ao conseguir ficar em cima de Franz Post e salvar o cavalo de ferimentos se espalhou pelo vestiário dos jóqueis. Para Eurico, o incidente o aproximou mais do que nunca de Franz Post.

"Aquele cavalo me trouxe ao melhor lugar", diz ele. "Eu ia para casa à noite e pensava nele como se fosse minha namorada. De manhã, depois de galopar outros cavalos, eu ia até a cocheira para vê-lo."

Eurico treinou com Franz Post por mais três semanas, sempre com outro cavalo ao lado deles. Se ele corresse o cavalo por mais de um quilômetro e meio, Eurico pedia a dois outros cavaleiros que ficassem ao lado dele, um na primeira metade, o outro na segunda. Do contrário, Franz Post era tão rápido que fugia do outro cavalo após a primeira metade.

Avaliando o desempenho do cavalo sob o manejo de Eurico, Milton Signoretti decidiu entrar com Franz Post em sua corrida inaugural, onde competiria contra outros cavalos que nunca haviam vencido uma delas. Mas quando chegou o dia da corrida, Eurico estava suspenso. Ele ainda estava apostando em si e havia montado muito agressivamente em uma corrida naquela semana, esbarrando em outro cavalo enquanto ainda largava do partidor. Em seu lugar, um jóquei chamado Silvio Generoso montou Franz Post. Generoso nunca havia montado o cavalo e ficou alarmado com seu comportamento impulsivo e imprevisível. Intimidado pelo poder errático do animal, ele não fez o cavalo correr. Franz Post terminou como um dos últimos em uma corrida de seis cavalos.

Signoretti estava zangado. Ele sabia que o cavalo poderia ter se saído melhor. Em circunstâncias normais, ele teria esperado um mês antes de entrar com Franz Post em outra corrida. Mas com Eurico novamente disponível para montar e Franz Post se exercitando com um ritmo mais veloz que em sua primeira corrida, Signoretti entrou com o cavalo em uma nova disputa na semana seguinte.

Tendo completado sua corrida inaugural, Franz Post agora estava competindo contra cavalos mais experientes. Mas ele não havia demonstrado todo o seu potencial e ainda era uma presença desconhecida em sua segunda corrida. Dessa vez, com Eurico nas costas, ele largou do partidor e aproximou-se da cerca, onde se sentiu confortável, seguindo de perto os líderes enquanto eles percorriam o primeiro quilômetro e meio. Quando chegaram à reta final, Eurico avançou Franz Post entre dois cavalos e colocou-se na liderança. Nenhum outro cavalo conseguiu alcançá-lo e ele ganhou a corrida por mais do que um corpo. Eurico havia apostado em seu cavalo e embolsou 500 reais, além do seu honorário e uma porcentagem da bolsa do vencedor.

CAVALGANDO PELA LIBERDADE

O desempenho do cavalo convenceu Signoretti de que ele poderia competir contra os melhores puros-sangues do Brasil. Um mês depois, inscreveu Franz Post no Grande Prêmio do Jockey Club de São Paulo, primeira etapa da tríplice coroa do Brasil. Signoretti disse à dona de Franz Post, Margarida Lara, que seu cavalo seria listado como um azarão contra outros 10 cavalos, mas com Eurico como seu jóquei, ele tinha uma boa chance de vencer a corrida de dois quilômetros.

Quando os cavalos largaram do partidor, Eurico fez a mesma coisa que fizera um mês antes, colocando Franz Post atrás de alguns cavalos velozes, encaixando-o, um corpo atrás do favorito, contra a cerca. "Franz Post amava a cerca", diz Eurico. "Ele estava correndo relaxado e eu estava economizando terreno."

À medida que os cavalos se aproximavam dos últimos metros, Franz Post corria com a mesma potência enquanto os outros cavalos perdiam sua energia. Em particular, Eurico poderia dizer pela linguagem corporal e respiração do favorito que este "não ia muito bem."

Eurico avançou por uma abertura. Agora, sem outros cavalos ao lado de Franz Post na dianteira, ele se concentrou em manter o cavalo ocupado e sem distrações. "Eu só queria nos fazer cruzar a linha", diz ele. E ele o fez. Mais uma vez, Franz Post venceu a corrida. "Foi a minha primeira vitória em um grande prêmio."

A vitória convincente trouxe outras recompensas para Eurico. As suas atuações chamaram a atenção de outros treinadores, que finalmente reconheceram que Eurico era um vencedor. "Na próxima semana, estou lotado de montarias", avisou ele.

Como jóquei, o trabalho de Eurico ia muito além de

competir em corridas. Ele também trabalhava com cavalos pela manhã e aconselhava seus treinadores sobre suas condições. Eurico sabia como ouvir um cavalo e avaliar sua disposição. "Um cavalo dirá se ele está feliz", diz ele. "Você pode sentir quando um cavalo pisa no chão se ele está batendo com força ou se suas pernas estão cansadas. Você também pode ver isso em uma corrida. Nem todo jóquei sabe, mas os bons sabem."

"Muitas vezes eu diria a um treinador que um cavalo precisa de mais trabalho", ele continua, "se ele não terminar um treino da maneira que deveria."

Montando bons cavalos para bons treinadores, Eurico voltou a ganhar e acumular dinheiro. Ele vendeu seu Variant de quatro anos de idade e comprou um Ford Escort conversível azul que podia dirigir sem uma almofada no assento embaixo dele. Terminada a longa jornada da pista, passava as noites em discotecas do Baixo Augusta. "Eu via garotas lá", ele diz, "mas nunca as perseguia. Não tinha coragem nem autoestima. Eu me convencia de que elas não gostariam de mim. Em vez disso, fui para as prostitutas."

Apesar do prazer efêmero que ele comprou com seu dinheiro, sua voz interior insistia que ele nunca seria bom o suficiente para ter um relacionamento real com uma mulher. Sua obsessão se tornou um castigo por suas deficiências. Em busca de perdão por suas indulgências, ele às vezes recorria aos serviços religiosos pela cidade. "Todos disseram a mesma coisa: eles ofereceram o único caminho verdadeiro para o Céu. Mas estavam apenas competindo entre si pelo meu dinheiro."

Nos dias em que estava trabalhando, Eurico saía para a pista todas as manhãs às cinco, e a cada dia se sentia melhor ao chegar nas cocheiras. "Quando eu estava com os cavalos, a dor de não ser bom o suficiente ia embora", diz ele. "Um cavalo tem o poder de me levar para longe disso tudo."

Nenhum outro cavalo na vida de Eurico tinha o poder de Franz Post. Com a vitória na primeira etapa da tríplice coroa, o cavalo ficou entre os favoritos à segunda corrida, o Grande Prêmio Derby. Mais uma vez, Eurico manteve Franz Post entre os líderes da corrida de 16 cavalos enquanto eles corriam na reta final, e novamente ele procurou por uma abertura.

À sua frente estava outro favorito, montado pelo jóquei Gabriel Menezes, chileno que havia se tornado um grande cavaleiro e já tinha conquistado o Grande Prêmio São Paulo em duas ocasiões. Eurico havia estudado a forma como Menezes montava. "Eu conhecia seu estilo. Eu sabia que ele abriria e, quando o fizesse, eu cortaria."

Foi um grande risco. Eurico teve que manobrar o cavalo para a abertura sem interferir com os outros competidores na corrida, e Franz Post não foi um corredor complacente. "Eu pensei, *Eu acho que ele é louco*", diz Eurico. "*Ele é um cavalo difícil. Ele pode entrar e sair, bater em outro cavalo, matar alguém.*"

Apesar do risco, Eurico engoliu o medo. Quando Menezes deixou uma abertura, "eu estava logo atrás", diz ele. Franz Post mergulhou na brecha. "Foi o beijo da morte de Menezes."

Diante de uma multidão de espectadores que incluía sua mãe, irmão, irmã e vizinhos na arquibancada, Eurico incitou Franz Post a cruzar a linha final, um corpo à frente de outros quatro cavalos agrupados em sua cauda.

Signoretti teria entrado com Franz Post na terceira corrida da tríplice coroa, mas o cavalo desenvolveu cólicas e não conseguiu correr. Eurico continuou a trabalhar com ele até seu próximo evento, outro grande prêmio, contra alguns dos mesmos cavalos que ele havia derrotado no derby. Dessa vez, os líderes permaneceram juntos. Eurico não conseguiu encontrar a abertura de que precisava e guiou o cavalo, em terceiro lugar, até o final. Não foi uma vitória, mas Franz Post deu o seu melhor. Foi a primeira vez que ele correu em uma pista de areia, e ele o fez com bravura.

"Dei um tapinha nele e disse: 'Bom trabalho'", diz Eurico.

Eurico estava levando o cavalo de volta ao *paddock* quando outro jóquei apareceu ao lado dele. "O seu cavalo está bem? Parece que ele está com as pernas bambas", disse o jóquei. Eurico percebeu e desmontou.

"Assim que pulei, Franz Post caiu. Eu estava segurando a cabeça dele no meu colo quando ele morreu."

O grande cavalo castanho-escuro sofrera um ataque cardíaco. Eurico estava perturbado. Ele estava chorando quando voltou para o vestiário dos jóqueis. Quando outro jóquei sugeriu que suas lágrimas tinham sido planejadas para impressionar o dono de Franz Post, Eurico teve que ser impedido de atacá-lo.

"Eu perdi avós e amigos", diz ele, "mas essa foi a pior perda da minha vida. Esse cavalo me deu muita glória."

Com sua reputação brindada por suas impressionantes corridas em Franz Post e outros cavalos, Eurico assinou contratos com vários treinadores, incluindo Eduardo Gosik, que empregou jóqueis importantes como Albênzio Barroso e Gabriel Menezes, e outro treinador chamado Antonio Alvani.

CAVALGANDO PELA LIBERDADE

Quando Gosik contratou Eurico, em 1995, seus cavalos haviam vencido o Grande Prêmio São Paulo duas vezes, e ele continuou a treinar vencedores no Hipódromo de Cidade Jardim por mais 25 anos.

Começando seu dia por volta das cinco, Eurico trabalhava pela manhã com os cavalos de Gosik e outras cocheiras onde ele tinha contratos, depois com cavalos que ele tinha programado para montar nas corridas. Fazia parte do seu trabalho estudar cada cavalo de perto para compreender seus pontos fortes e fracos, e avaliar sua eficácia. Os treinadores confiavam em seu julgamento quando preparavam seus animais para a corrida, enquanto a compreensão diferenciada de Eurico sobre cavalos individuais e suas capacidades o auxiliavam a competir na pista. As informações que ele reunia em seus treinos também o ajudavam a fazer apostas.

No ano seguinte, Eurico continuou a apostar nos cavalos que montava. Com o dinheiro que ganhava, conseguia contratar as prostitutas mais caras de São Paulo. Ele tinha um carro novo e um apartamento na cidade, onde sua mãe morava com seu irmão e irmã. Mas quanto mais pródiga se tornava sua vida, pior era vivê-la. Ele não encontrava satisfação em seu dinheiro, seus bens ou seu relacionamento infiel com uma namorada. No dia em que acabou definitivamente seu namoro e foi embora do litoral paulista com Zeli Medeiros, ele resolveu encerrar suas indulgências com as apostas e também com o sexo. "Eu decidi que tinha que parar com essa merda." Mas, mesmo assim, uma voz em sua cabeça definia suas intenções. *Você não pode parar*, dizia. *Você é muito fraco.* Em sua mente, Eurico negociava com a voz. Se ele não pudesse parar completamente, ele restringiria seus encontros com prostitutas a uma vez por mês.

"Achei que estava ficando louco", diz ele.

Eurico começou a aprender inglês com a filha de Maurício Lima, que era professora de inglês na cidade. Agora ele retomava suas aulas. Ele também se matriculou em um programa de artes marciais, com a intenção não apenas de melhorar seu corpo físico, mas também de viver com mais disciplina. Focado no trabalho e na transformação de hábitos, decidiu seguir a carreira de jóquei em outro país.

"Mesmo tendo desistido das apostas e do sexo, ainda me sentia como um buraco negro. Achei que se eu deixasse o país, a sensação de vazio iria embora."

Pensando em suas opções, Eurico se voltou para os Estados Unidos. Ele havia vencido quase 500 corridas no Brasil e achava que tinha as habilidades para correr com sucesso em pistas no estado de Nova Iorque como Saratoga, Aqueduct e Belmont. Alguns jóqueis haviam ido aos Estados Unidos como visitantes e permaneceram lá ilegalmente para correr. Eurico queria seguir um caminho mais legítimo. Mas quando ele solicitou um visto de trabalho, o governo dos EUA recusou seu pedido.

A rejeição o desapontou e alimentou a raiva que ele sentiu durante a maior parte da sua vida contra um mundo cuja aceitação ele nunca poderia vencer. Por meio das artes marciais, ele passou a canalizar essa raiva, mas ela permaneceu tão volátil como sempre. Um dia ele levou sua mãe à igreja dela, a cerca de uma hora de carro do seu apartamento. Atrás das janelas gradeadas e de uma pesada porta de madeira, o prédio de tijolos de dois andares ficava em uma rua lateral de pizzarias, garagens de automóveis e casas modestas no Tatuapé, um bairro de São Paulo. Enquanto a mãe entrava, Eurico e o irmão ficaram na calçada, conversando com duas meninas cujos pais eram da igreja. Um irmão da congregação abriu a porta da frente. Ao vê-los, disse a Eurico que deixasse as meninas em paz. Virando-se para as meninas, falou: "Vocês deveriam ser mais inteligentes, irmãs, do que falar com homens como ele."

A atitude superior do homem e os insultos implícitos enfureceram Eurico. "Vá se foder", disse ele ao homem, "seu merda."

O incidente deu a Eurico ainda mais incentivo para deixar seu passado para trás e largar o país. Pela segunda vez, ele se candidatou a uma autorização de trabalho nos Estados Unidos. Dessa vez, contratou um advogado para ajudá-lo e conseguiu um contrato com um proprietário em Kentucky que disse que apoiaria Eurico e pagaria todas as suas despesas enquanto ele estivesse no país. Apesar da experiência do seu advogado e das garantias do proprietário, os EUA recusaram sua ida novamente.

Eurico se preparava para se candidatar pela terceira vez quando conversou um dia com Albênzio Barroso. Barroso havia começado a correr como profissional em São Paulo antes do nascimento de Eurico, mas reconhecia no jóquei mais jovem um companheiro vencedor, e os dois ficaram amigos. Barroso havia acabado de regressar de Macau, então colônia portuguesa na costa sul da China, a cerca de uma hora de balsa, atravessando o Delta do Rio das Pérolas de Hong Kong. Mais de metade da economia de Macau é proveniente das apostas, e Barroso estivera ali durante dois anos para correr. Mas em 1998, quando voltou para o Brasil, decidiu não retornar ao país.

Barroso pediu a Eurico para ir no seu lugar, mas Eurico disse que estava decidido a correr em Nova Iorque. Barroso

> **Fred providenciou para que Eurico ficasse três meses em uma suíte no sofisticado Grandview Hotel, próximo ao santuário do Buda de Quatro Faces, em frente ao Jockey Club de Macau e ao Hipódromo da Taipa. Quando chegaram, Fred lhe deu 20 minutos para tomar banho, fazer a barba e trocar de roupa. Então, ele levou Eurico para o outro lado da rua, para as corridas.**

aconselhou-o a ir primeiro a Macau. Em Macau, Eurico poderia ganhar dinheiro e adquirir uma experiência valiosa. Convidou Eurico para vir a sua casa, onde chamou seu agente. Quatro dias depois, Eurico recebeu uma passagem aérea. Na semana seguinte, ele desistiu dos seus contratos no Hipódromo de Cidade Jardim, deixou o carro com o irmão e ajudou a mãe a se mudar para seu apartamento. No fim da semana, pegou um táxi para o Aeroporto Internacional de Guarulhos, onde se despediu da sua mãe, irmão e irmã, que tinham ido vê-lo partir. Um dia depois, ele chegou a Hong Kong para se encontrar com seu agente, um empresário multilíngue chamado Fred, que buscou Eurico na balsa para Macau.

Fred providenciou para que Eurico ficasse três meses em uma suíte no sofisticado Grandview Hotel, próximo ao santuário do Buda de Quatro Faces, em frente ao Jockey Club de Macau e ao Hipódromo da Taipa. Quando chegaram, Fred lhe deu 20 minutos para tomar banho, fazer a barba e trocar de roupa. Então, ele levou Eurico para o outro lado da rua, para as corridas.

Sob o comando do presidente Stanley Ho, um dos homens mais ricos do mundo, o Jockey Club de Macau foi um dos principais empregadores da colônia, com 2.500 funcionários em tempo integral e parcial. Taipa foi construída originalmente como uma pista de corrida de trote em 1980 e organizou corridas de raça puro-sangue durante nove anos antes de Eurico se mudar para lá, em 1998. A sua arquibancada acomoda 15.000 espectadores, enquanto os camarotes privados para proprietários de cavalos e diretores do Jockey Club acomodam outras 3.000 pessoas em um complexo de corrida de cinco andares.

"O lugar estava lotado", diz Eurico.

Quando as corridas terminaram, Fred levou Eurico para conhecer o treinador cuja cocheira lhe oferecera um contrato de seis meses para correr em Macau. Após assinar o contrato e apertar a mão do treinador, Eurico acompanhou Fred de volta ao hotel para encontrar o dono do estábulo que o empregava. O proprietário era um mafioso chinês vestido com roupas elegantes, cujos guarda-costas pairavam por perto enquanto ele pedia o jantar para Eurico, ria e conversava com o jóquei sobre seus planos para o futuro das corridas de cavalos. O garçom trouxe tigelas de sopa de barbatana de tubarão e pratos de camarão e pato à Pequim.

Quando terminaram o jantar, às 20h, o proprietário se despediu. "Não se preocupe", disse ao se levantar, enquanto seus guarda-costas se juntavam aos seus ombros, "está tudo resolvido."

Agora Eurico estava acordado há mais de 35 horas. "Minha cabeça estava girando", diz ele. "Eu só queria dormir."

Mas Fred tinha outros planos. "Vamos ao Mandarin. Minha sobrinha está cantando lá."

Localizado no extremo sul da Península de Macau, a 10 minutos de carro da Ponte Velha da Taipa, o Mandarin Oriental atrai estrelas de cinema mundiais, empresários abastados e multidões de jovens bem vestidos que apreciam o ambiente de um hotel cinco estrelas. Eurico teria se divertido mais se tivesse dormido um pouco, mas ele desabou com Fred em um canto do saguão, ouvindo a sobrinha de Fred e vendo as pessoas se misturando à sua frente. Ele mal conseguia parar de cochilar — até que uma mulher passou e chamou sua atenção.

"Eu me transformei de muito cansado", diz ele, "para muito desperto."

Eurico queria manter a mulher à vista. Ele se levantou e começou a dançar. "Vi que ela não tinha namorado", diz ele. "Ela estava sentada com um grupo de meninas. Essas eram boas notícias, eu acho."

Poucos minutos depois, a mulher se aproximou da mesa de Eurico e começou a conversar com Fred em cantonês. "Não consegui entender nada do que eles disseram."

Quando ela se afastou, Eurico perguntou: "Quem era?"

"O nome dela é Claudia", respondeu Fred. "Você quer conhecê-la?"

"Eu vou me casar com ela", disse Eurico.

Até conhecer Claudia, Eurico tinha uma abordagem desconexa dos seus estudos de inglês. Mas agora ele se sentia inspirado. Ele se matriculou em uma escola de idiomas e também contratou um professor particular. "Não se tratava apenas de negócios", diz ele. "Agora eu queria a Claudia."

Claudia morava em Macau com os seus pais e trabalhava para a FedEx na colônia. Ela havia estudado no Canadá e sua primeira língua era o inglês. Eurico quis usar essa língua quando a pediu em casamento.

Se Claudia inspirou Eurico, o resto da sua vida em Macau deixou-o num estado de crescente exaustão nervosa. Duas semanas após a chegada de Eurico à colônia, o proprietário que o havia levado para jantar foi explodido e morto em seu carro durante uma visita à Tailândia. Não muito depois, Eurico caiu durante uma corrida e um cavalo passou por cima das suas costelas. Após duas semanas de recuperação não-remunerada, suas costelas ainda não haviam sarado, mas ele voltou à pista de qualquer maneira e sofreu mais seis meses de dor como resultado. Sob estresse, com o calor e a poluição de Macau, sua asma aumentou e ele tinha dificuldade para respirar.

Eurico estava treinando na pista de areia em uma manhã quando disse a outro treinador que seu cavalo logo teria que se aposentar. Quando perguntou ao treinador o que acontecia aos cavalos depois de se retirarem das corridas de Macau, o treinador disse: "Damos um tiro na cabeça deles."

As palavras assustaram Eurico.

"Eu nunca poderia suportar isso", diz ele. "No Brasil, o cavalo é rei. Nós o tratamos como parte da nossa família. Foi muito deprimente saber que, em Macau, o cavalo que eu estava montando iria levar um tiro."

O estresse se intensificou quando o treinador que o contratou por seis meses acusou-o de trapacear nas corridas, deliberadamente segurando seu cavalo para permitir que outro ganhasse. Não era uma acusação teatral. Os apostadores de Macau não hesitam em arranjar uma corrida a seu favor se puderem encontrar um jóquei para os ajudar a fazê-lo, e Eurico não estava ganhando muitas corridas. Os ganhos em apostas representam muito mais do que o prêmio da bolsa da maioria das corridas em Macau e, sem muitos vencedores, Eurico poderia ter aproveitado o dinheiro. Mas Eurico não tolerava isso. Até então, ele havia trabalhado para treinadores que confiavam nele para fazer o melhor por eles, e ele retribuía não apenas vencendo corridas, mas também oferecendo sua avaliação e conselhos sobre a condição dos seus cavalos e prontidão para correr. Agora, sem a confiança do seu treinador, ele se sentia isolado e em dúvida sobre suas perspectivas. Considerou rescindir o contrato, mas receou que, caso o fizesse, as autoridades não renovassem a sua licença para correr em Macau.

CAVALGANDO PELA LIBERDADE

Nos primeiros quatro meses na pista, Eurico havia trabalhado duro para seu treinador, mas não tinha ficado impressionado com os circuitos de grama e areia, que pareciam pequenos e malconservados, ou pelos cavalos que corriam lá. No vestiário dos jóqueis, ele se mantinha sozinho. Os outros jóqueis, a maioria deles chineses, o deixavam em paz. Ocasionalmente, ele conversava com um jóquei australiano chamado Harry Troy, que já morava havia cerca de um ano em Macau. Troy acabaria por se tornar locutor de corridas.

"Ele me explicava as coisas", diz Eurico, "e me fazia rir."

Quando não estava na pista, Eurico se esforçava para melhorar seu inglês para que pudesse ter uma experiência mais gratificante nas conversas com Claudia. Quatro dias por semana, frequentava aulas em uma escola de idiomas na península, não muito longe da entrada da Ponte da Amizade. O escritório da FedEx onde Claudia trabalhava ficava próximo. Após alguns meses, sentindo-se confiante sobre sua habilidade com o idioma, um dia ele foi a uma cafeteria onde os funcionários da FedEx faziam seus intervalos e viu Claudia. Ele a lembrou de que eles haviam se conhecido uma vez, no Mandarin, e então perguntou se ela queria jantar com ele naquela noite. Quando ela concordou, ele disse que ligaria para ela depois que a aula terminasse. Naquela noite, eles jantaram no Grandview Hotel. "Ela foi a primeira mulher que amei de verdade na vida", diz ele.

Procurando as palavras certas, Eurico contou a ela sobre seu relacionamento instável com seu treinador. Ele disse que pretendia romper o acordo, mas não tinha certeza se poderia fazer isso sem comprometer sua licença de jóquei. Na noite seguinte, com o incentivo de Claudia, ele contou a mesma história a Alfredo Andrade, um inspetor da administração da pista que havia se tornado amigo de Eurico. Encontrando-se com Eurico uma ou duas vezes por semana para almoçar ou tomar um café, Alfredo o apresentou à música clássica, ópera e livros. Eurico desenvolveu uma predileção por Beethoven, Mozart e Liszt. Por recomendação de Alfredo, Eurico leu *Capitães da Areia*, escrito em 1937 pelo escritor brasileiro Jorge Amado. Ele leu *Siddhartha*, um relato fictício da evolução espiritual de um homem em direção à iluminação, de Hermann Hesse, e *O Alquimista*, um relato da jornada de autodescoberta de outro escritor brasileiro, Paulo Coelho.

Eurico respeitava a inteligência de Alfredo e valorizava seus conselhos. Ele explicou sua preocupação em perder sua licença. Quando Alfredo disse: "Se você ganhar, você ficará bem", Eurico decidiu quebrar seu contrato e ir trabalhar para outro treinador.

À primeira vista, o novo treinador, Allan Leong, não inspirou confiança em Eurico e ele se perguntou se havia tomado a decisão correta. Leong tinha apenas 10 cavalos em sua cocheira, mas ele precisaria de 15 para manter a licença de treinador quando ela fosse renovada. Eurico chegou na cocheira em seu primeiro dia de trabalho por volta das cinco da manhã e esperou três horas antes de Leong aparecer. A essa altura, o calor do dia havia se instalado em Macau. Os cavalos suavam e, quando trabalhavam, ficavam rapidamente exaustos. "Eu disse, se você quer ganhar, você tem que começar às cinco da manhã, não às oito."

Com o passar do tempo, o relacionamento de Eurico com Leong se tornou uma amizade. Eles viajavam todos os fins de semana para Hong Kong e China para se encontrar com proprietários que estavam interessados em enviar seus cavalos para o estábulo de Leong. Uma ou duas vezes por ano, Leong

CAVALGANDO PELA LIBERDADE

ia sozinho para a Nova Zelândia e Austrália para comprar cavalos em nome dos proprietários em Macau, que poderiam então deixá-los com ele. Ele disse a Eurico que muitas vezes pagava tão pouco quanto US$ 2.000 por um cavalo, depois o vendia ao novo proprietário por US$ 20.000. Eurico lhe disse para mudar de abordagem. "Se você quer se destacar como treinador, é preciso comprar com mais qualidade." Ele o aconselhou a comprar cavalos por US$ 18.000 e vendê-los por US$ 20.000. Depois, quando Leong saiu para viajar outra vez, o levou. Eurico ficou com Leong durante os quatro anos seguintes, até que ele deixou Macau. Até então, Leong tinha ganhado uma reputação de treinador talentoso e possuía 40 bons cavalos em seu estábulo.

Antes de ir trabalhar para Allan Leong, Eurico mudou-se do Grandview Hotel para um apartamento com vista para o mar perto da Ponte Velha, que atravessa a baía entre a ilha da Taipa e a península. Estava a cerca de um quilômetro da pista. Como ele e Claudia passavam mais tempo juntos, ele costumava atravessar a ponte no Mazda que comprara do seu agente, Fred, para trazer Claudia de volta ao apartamento para almoçar. "Era a minha coisa favorita a fazer", diz ele.

Um dia, enquanto olhava o oceano pela janela, Claudia perguntou a ele se já tinha ouvido falar do feng shui, uma antiga prática chinesa que usa as forças da energia para harmonizar os indivíduos com seu ambiente. Eurico tinha acabado de trabalhar para Allan Leong. Ele não havia vencido muitas corridas e ainda se sentia preocupado em perder sua licença. Apesar do seu relacionamento com Claudia, ou talvez porque subconscientemente queria se sabotar, ele continuava a pagar pela companhia de prostitutas. Para ganhar mais dinheiro, ele estava apostando nas suas corridas e sua asma havia se intensificado. "As coisas não estavam indo bem", diz ele.

Claudia convidou um consultor de feng shui para o apartamento. Este olhou em volta para os móveis impessoais, as paredes nuas, o aquário que Eurico tinha abastecido com peixes tropicais, os tapetes indiferentes e a vista nada inspiradora da baía e disse a Eurico que se mudasse. "A energia aqui não é boa para você."

Por sugestão do consultor, Eurico mudou-se para um apartamento próximo ao Grandview Hotel. Não tinha vista para o oceano, mas era maior e, se você acredita em feng shui, sua energia também devia ser melhor, porque a vida de Eurico deu uma guinada. Ele começou a ganhar corridas. Reduziu suas visitas a boates e utilizava mais do seu tempo com Claudia. Quando seus pais se recusavam a deixá-la passar as noites com Eurico, ele dizia que não era um problema. "Nós vamos nos casar."

Na presença de duas irmãs dela, um dos seus dois irmãos e seus pais, junto com a mãe e a irmã de Eurico, que ele havia trazido do Brasil, Eurico e Cláudia se casaram na Catedral da Natividade de Nossa Senhora, na península, a poucos quarteirões do Lago Nam Van. Era fevereiro de 1999, nove meses depois de Eurico ter visto Claudia pela primeira vez no Mandarin Oriental.

"Fiquei muito feliz", diz ele. "Agora as coisas estavam caminhando bem."

No ano seguinte, Eurico passou a se dedicar ao casamento, ao trabalho e ao ganho de dinheiro. "Eu parei de aprontar", diz ele.

"Mas eu continuava ouvindo uma voz na minha cabeça que dizia, *Você não pode parar.*"

A voz estava certa. Eurico lutou contra isso durante um ano e meio. Enquanto eram felizes juntos, Eurico sentia-se confiante em si mesmo e acreditava que Cláudia o enxergava como o homem que ele queria ser, mas depois de um ano e meio, eles começaram a discordar sobre seu futuro juntos, e Eurico começou a se perguntar quando ela finalmente reconheceria nele um homem indigno do seu amor.

As divergências surgiram quando ele determinou que deixaria Macau após cinco anos. Quando chegou pela primeira vez na colônia, ele sabia que não poderia ficar mais tempo sob os termos da sua autorização de trabalho. "Eu disse, vamos nos mudar para os Estados Unidos."

Eles ainda não haviam chegado a um acordo quando Eurico e Claudia viajaram ao Canadá para visitar um dos irmãos dela. Como muitos chineses que se sentem inseguros sobre o futuro, os pais de Claudia e seus filhos se qualificaram para a cidadania canadense. Claudia havia estudado no Canadá e um dos seus irmãos morava em Toronto. Quando eles foram para lá, em agosto de 2003, ele levou Eurico à pista Woodbine, a cerca de 20 quilômetros a noroeste do centro da cidade. Uma das principais instalações de corrida na América do Norte, os estábulos de Woodbine acomodam mais de 2.100 cavalos, com instalações de treinamento que incluem uma pista sintética de 1.600 metros e uma pista de grama de 1.400 metros. Junto com a pista de areia principal em Belmont Park, em Nova Iorque, a pista de grama de Woodbine é um dos únicos traçados de dois quilômetros e meio nas corridas norte-americanas de raça puro-sangue. O cavalo Secretariat havia feito sua última corrida lá em 1973.

Décadas depois, em 2019, quando ocorreria a primeira corrida disputada em Woodbine em uma nova pista interna de grama, um cavalo chamado Bold Rally venceria com Eurico como jóquei.

"Quando vi o gramado naquele dia", diz ele, "me enxerguei vencendo ali."

Mudar-se para o Canadá também atraiu Claudia, certamente mais do que uma mudança para os Estados Unidos, onde nenhum dos dois havia morado antes. Eurico assegurou-lhe que a vida deles melhoraria no Canadá. Encontrariam um bom lar e se adaptariam ao novo país e, no inverno, poderiam ir para a Califórnia, onde Eurico poderia correr em Santa Anita ou Del Mar. Dois dias depois de retornar a Macau, Eurico foi ao consulado canadense em Hong Kong para solicitar o status de imigrante residente. O governo canadense levou um ano e meio para aprová-lo.

Enquanto esperava, Eurico continuou a montar para o estábulo de Allan Leong. Ele tinha cavalos melhores agora e ganhava com mais frequência do que nunca. Quando ele e o treinador viram uma oportunidade, combinaram com um dono para apostar em um cavalo. O dono apostava US$ 20.000 ou mais na promessa de que seu cavalo ganharia e outros US$ 6.000 ou US$ 7.000 para Eurico. Se o cavalo ganhasse, Eurico teria uma recompensa substancial. Mas se o cavalo perdesse, o proprietário deduziria o valor da sua aposta dos ganhos futuros de Eurico. Às vezes, o acusava de conspirar com outro proprietário para desistir de vencer a corrida. Ansioso com as perdas potenciais e defendendo-se constantemente de acusações infundadas, Eurico sentiu a pressão. Sua asma piorou. Ele não conseguia dormir e seu sistema digestivo sofreu. "Se você não correr com inteligência", diz ele, "você está morto."

CAVALGANDO PELA LIBERDADE

Depois de oito meses, Eurico decidiu sair de Macau. "Eu estava ficando cansado daquilo."

Ele ainda não havia recebido uma autorização de trabalho do Canadá, mas tinha certeza de que ela chegaria mais cedo ou mais tarde. Nesse ínterim, ele foi sozinho para o Brasil para ajudar seu irmão a encontrar um negócio que lhe proporcionasse uma renda confiável. Eurico sustentava a família há mais de seis anos e temia que, se ele se machucasse e não pudesse mais montar, eles sofressem. Ele e o irmão compraram juntos uma franquia de alfaiataria em São Paulo, que sustentou seu irmão pelo ano seguinte, até que ele quebrou e perdeu o negócio.

Enquanto estava em São Paulo, Eurico voltou a frequentar as boates do Baixo Augusta, "saindo com prostitutas", diz. "Em Macau eu conseguia resistir, mas no Brasil, não conseguia me controlar."

Uma noite, em um clube chamado Café Photo, ele pediu um uísque no bar, sentou-se com uma mulher e eles começaram a conversar. Eles continuaram conversando depois que foram ao quarto do hotel, onde a mulher confidenciou a ele que seu pai havia abusado dela. Eurico disse a ela que seu pai era um abusador, fato que, até então, ele nunca havia revelado a ninguém. Pela primeira vez na vida, ele via o dano irreversível que as vítimas do seu pai haviam sofrido.

Eurico e a mulher continuaram conversando. Ela contou a ele sobre sua mãe que, como a de Eurico, tinha trabalhado duro em empregos árduos para sustentar a família que seu pai havia despedaçado. Eles não fizeram sexo, mas antes de ela ir embora, Eurico deu 200 dólares para a mulher e disse a ela para dar o dinheiro para sua mãe. Ele voltou para casa naquela noite em lágrimas. "Eu me perguntei o que estava acontecendo comigo."

Na noite seguinte, ele foi para outro clube, mas quando chegou lá, sentiu-se perturbado demais até para sentar-se com uma mulher. Imaginava que realmente tinha que parar com aquela merda e procurar ajuda.

Em Macau, com o incentivo do amigo Alfredo Andrade, Eurico estudou vários livros de autoajuda, começando com *How to Get Whatever You Want* (*Como Conseguir Aquilo que Deseja*, em tradução livre), de M.R. Kopmeyer, e incluindo *A Arte da Felicidade*, do Dalai Lama. "Todos os livros que li mencionam que, se você não consegue lidar com suas emoções, precisa consultar um terapeuta", diz ele. No dia seguinte, ele procurou por um psicólogo em São Paulo que poderia ajudá-lo a superar sua obsessão por sexo.

Ao se conhecerem, o psicólogo observou a maneira como Eurico havia se vestido para a consulta: relógio Longines, pulseira Cartier, colar de ouro e roupas da Versace e Armani. "Eu sei que você tem dinheiro", disse o homem. "Eu vejo a maneira como você se veste. Conte-me a sua história."

Eurico contou a ele sobre sua infância em Buri, os abusos do seu pai, sua educação como jóquei e sua vergonha. Contou-lhe sobre sua namorada em São Paulo, sua obsessão por prostitutas, sua vida em Macau com Cláudia e o terror que sentia de que ela descobrisse que ele era uma fraude. Ele disse que se sentia inútil e pensava que Deus o odiava. Quando terminou, o psicólogo olhou para ele. "Tudo em sua vida, do começo ao fim, é um desastre."

O psicólogo orientou Eurico a pensar em uma grande pedra com uma rachadura. Dentro da fenda, há uma pequena muda. "Você é aquela plantinha", disse ele, "tentando sair."

Quando Eurico voltou, uma semana depois, para sua próxima consulta, ele disse ao psicólogo que havia perdido o

CAVALGANDO PELA LIBERDADE

desejo por prostitutas. Pela primeira vez, em São Paulo, não tinha ido a um clube pagar pelos serviços de uma mulher. Ele disse que planejava se mudar para o Canadá em breve com sua esposa e, quando o fizesse, queria parar de jogar, de procurar prostitutas e recomeçar sua vida do zero. Para fazer isso, ele sabia que precisava de ajuda e perguntou ao psicólogo se poderia continuar suas sessões por telefone, todas as semanas.

O psicólogo respondeu que dessa forma não funcionaria e o aconselhou a encontrar um psicólogo no Canadá. Era início de março. Em duas semanas, a autorização de trabalho do governo canadense chegou. De volta a Macau, Eurico se despediu de Claudia, que se juntaria a ele mais tarde. Na última quarta-feira do mês, ele chegou a Toronto e, no dia seguinte, foi a Woodbine para obter sua licença de jóquei canadense.

Apesar do conselho do seu psicólogo, ele não se preocupou em procurar alguém para ajudá-lo com suas obsessões.

Eurico em Woodbine

CAPÍTULO CINCO

Mudar-se para o Canadá não livrou Eurico do seu buraco negro emocional. Ele poderia ter começado uma nova vida em um novo país, mas o vazio insondável continuou a engolir sua felicidade, sufocar sua humanidade e despertar seus demônios. Só depois que eles ameaçaram seu casamento e quase o levaram ao suicídio, ele descobriu que o buraco negro não o seguira até o Canadá; ele o trouxera dentro de si. Eurico era o próprio buraco negro.

A queda de Eurico em um turbilhão de vergonha e degradação contradizia a avaliação de outras pessoas do seu caráter e de desafiar suas próprias intenções. Ele era um homem fundamentalmente decente e generoso, com instintos honrados que haviam sobrevivido ao abuso e negligência do seu pai. Ele amava sua mãe e, com o dinheiro que ganhava como jóquei, apoiava a ela e aos seus irmãos de uma forma que eles nunca poderiam ter feito por si mesmos. Sua compulsão aberrante de se envolver em sexo com mulheres que ele nunca conhecia e nunca encontraria novamente violava seu próprio código moral. Ele se sentia envergonhado do seu comportamento, embora não entendesse como ou por que fazia as escolhas questionáveis que o deixavam se sentindo assim.

Seu psicólogo em São Paulo havia lhe revelado a possibilidade de que ele pudesse se entender com mais clareza e tomar decisões mais nítidas, em vez de seguir cegamente as forças que o dominavam. Mas ele não gastou tempo suficiente em terapia para obter muitos benefícios. Nesse ínterim, ele e Claudia estavam prestes a começar uma vida juntos em um novo país. Agora, as consequências da sua compulsão não apenas o diminuíam e degradavam, mas também traíam sua promessa à esposa. Ele poderia considerar sua promiscuidade como uma punição por algum lapso em sua moralidade que ele não entendia, mas sua esposa consideraria isso um insulto, uma abdicação do julgamento moral e uma consequência irresponsável, gratuita e imperdoável de sofrimento emocional.

Eurico tinha visto como o comportamento do seu pai havia afetado sua mãe. Ele nunca iria infligir deliberadamente tal dor e decepção à sua esposa. Mas quanto mais ele evitava buscar ajuda para aliviar a compulsão que superava seu julgamento e sabotava sua determinação de se comportar como um homem decente, mais provável se tornava que ele traísse sua esposa e colocasse em risco seu casamento, quer pretendesse fazê-lo ou não. E foi o que aconteceu.

Eurico viajou sozinho para Toronto em março de 2004, deixando Claudia em Macau para cuidar dos seus dois cães, um Poodle miniatura e um Yorkshire Terrier, e se preparar para sair do seu apartamento. No mês seguinte, ele ficou com seu cunhado em Scarborough, um subúrbio a leste da cidade, com a intenção de tirar uma carteira de motorista, comprar um carro, encontrar um lugar para morar e começar sua carreira canadense como jóquei.

No dia seguinte à sua chegada, ele pegou o ônibus para a pista de corrida Woodbine, uma viagem tortuosa que durou

CAVALGANDO PELA LIBERDADE

quase duas horas, exigiu várias transferências e o deixou em um ponto de ônibus a cerca de dois quilômetros do seu destino: a administração perto das cocheiras no lado oeste da pista. Eurico começou a andar. Havia neve no chão e a temperatura tinha caído para menos 16 graus. "Eu estava congelando minha bunda", diz ele.

Ao chegar ao escritório, Eurico se aqueceu lá dentro enquanto falava com um administrador sobre os lugares em que havia corrido no Brasil e em Macau. Quando o homem perguntou o nome do agente de Eurico no Canadá, ele disse que não tinha. O administrador entregou-lhe uma lista.

Por convenção, os treinadores não contratam um jóquei diretamente, mas negociam os serviços de um jóquei apenas por meio de um agente. Um bom agente tem uma rede de relacionamentos com proprietários e treinadores. Ele tem bom conhecimento sobre cavalos e passa um tempo na pista avaliando seu desempenho durante os treinos matinais. Um agente se esforça para encontrar bons cavalos para seus jóqueis, mas deixa para eles a tarefa de montar bem os cavalos. Quanto mais eles ganham corridas, mais dinheiro ele recebe.

No seu segundo dia no Canadá, Eurico olhou a lista, mas não teve como distinguir entre um agente e outro. Ele começou pelo topo e a telefonar. "Os dois primeiros desligaram na minha cara", diz ele.

Eurico finalmente encontrou um agente através do chefe da associação dos jóqueis, Irwin Driedger. Ele passou um dia com o agente, trabalhando em um cavalo para um treinador e conhecendo outros treinadores. Quando o dia terminou, ele foi ao estacionamento para ir para sua casa. Antes de ligar o carro, o agente ligou para o seu celular e disse que precisava falar com Eurico antes de sair. Parado do lado de fora da cantina, ao lado do escritório, o agente disse a Eurico que representava outro jóquei que inicialmente havia falado que não tinha objeções se ele representasse Eurico também, mas agora o jóquei tinha mudado de ideia. "Fiquei vermelho de tanta raiva depois do meu primeiro dia", diz Eurico.

Eurico procurou Irwin Driedger para lhe dar a notícia. Enquanto conversavam, veio pelo alto-falante um anúncio pedindo a Eurico Rosa da Silva que fosse à sala dos administradores. Vendo que Eurico estava tendo dificuldades, um deles contatou um amigo e agente aposentado chamado Fred Scott e o convenceu a voltar a trabalhar para Eurico. Fred havia passado quase 30 anos em Woodbine antes de se aposentar aos 60, e tinha uma boa reputação com outros jóqueis e seu sindicato. Ele e Eurico se encontraram naquele dia e chegaram a um acordo. No dia seguinte, Freddy começou a contatar treinadores e proprietários para encontrar corridas disponíveis para seu novo cliente.

"As cocheiras grandes não olhariam para mim", diz Eurico, "então Freddy disse que começaríamos a ganhar para as cocheiras pequenas e só depois passaríamos para as maiores."

Eles começariam por volta das cinco horas da manhã. Eurico agora tinha uma carteira de motorista válida e comprado um Mazda Protegé. Todos os dias, ele dirigia para a pista para encontrar Freddy, que o levava em seu carro para visitar algumas das mais de 40 cocheiras na pista. Às sete, eles pausavam para um café. "Freddy me contava piadas", diz Eurico, "e falava sobre as pessoas que conhecia na pista. Nós ríamos muito."

Demorou bastante para encontrar um treinador disposto a apostar em Eurico. Como todos os esportes profissionais, as corridas de cavalos não aceitam estranhos. "É uma sociedade muito fechada", diz Eurico. "Proprietários e treinadores gostam de fazer negócios com nomes conhecidos."

Uma das suas primeiras corridas veio de Earl Barnett, um treinador com um pequeno estábulo com 18 cavalos. Em sua primeira reunião, Eurico ficou impressionado com a honestidade de Barnett, embora não pudesse lhe dar montaria imediatamente em uma corrida. "Eu o colocaria em um cavalo", disse Barnett, "mas os proprietários querem jóqueis conhecidos."

Eurico começou a trabalhar para Barnett, trabalhando seus cavalos pela manhã e eventualmente montando-os em corridas — e eventualmente ganhando, também. Mas demorou. Ele venceu sua primeira corrida em um cavalo de outra cocheira operado por um treinador chamado Arthur Silvera. Silvera o viu, certa manhã, trabalhando em um cavalo para Barnett, e contatou Freddy para ver se Eurico poderia trabalhar para ele também.

Filho de um treinador, Silvera dirigia uma pequena cocheira com apenas seis cavalos. Um deles, um potro de três anos chamado Point Hidden, chamou a atenção de Eurico.

"Depois de trabalhar o cavalo, soube que este era o nosso primeiro vencedor. Eu podia dizer que ele tinha coração e garra. Eu disse a Arthur que queria trabalhar com o cavalo todos os dias."

Como Point Hidden nunca havia corrido antes, Silvera o inscreveu em uma corrida de inéditos marcada para 20 de maio, um prazo de duas semanas. Até então, Eurico havia ensinado ao cavalo como largar do partidor e como responder a ele enquanto o guiava em seus treinos.

Quando chegou o dia da corrida, Eurico já corria em Woodbine há quase duas semanas sem vencer. O mais próximo que ele tinha chegado em 13 montarias foi um terceiro lugar, oito dias antes. "Eu estava montando burros", diz ele.

"Eu estava ficando frustrado. Com os outros jóqueis no vestiário, eu dizia, 'Não posso ganhar, porra'. Eles disseram: 'Você acha que Freddy vai lhe dar um bom cavalo?' Eu respondi: 'Comprarei meu próprio cavalo, se for preciso'."

Ele também recusou uma oferta para apostar em corridas em Woodbine. Um dia, foi abordado na entrada do vestiário dos jóqueis por um homem de terno. "Achei que ele fosse dono", diz Eurico. O homem disse que reconhecia Eurico de Macau e sabia que ele era um apostador astuto. "Ele falou: 'Vou colocar de US$ 300 a US$ 500, podemos começar a apostar'. Mas eu fui ao psicólogo no Brasil e parei de apostar antes de vir para o Canadá. Eu disse: 'Ouça, amigo, parei com essa vida'."

Quando Point Hidden largou do partidor, ele ficou atrás dos outros cavalos. Eurico o guiou até a cerca interna, economizando terreno enquanto puxava Point Hidden para frente. Eles passaram por alguns cavalos mais lentos e alcançaram os líderes, e Point Hidden cruzou a linha final à frente por um focinho.

"Finalmente, consegui minha primeira vitória", diz Eurico.

Dois dias depois, quando o jóquei programado para montar desistiu no último minuto, Earl Barnett contatou outros três jóqueis antes de colocar Eurico em outra vencedora, Mona Rose. Eurico levou Mona Rose pela primeira vez em uma corrida com um prêmio da bolsa de US$ 67.000, mais do que o dobro do prêmio em sua primeira corrida vencedora. Um mês depois, ele montaria Mona Rose para a vitória novamente, e venceria pela terceira vez na mesma égua em meados de julho. Mona Rose se tornaria a segunda maior ganhadora de dinheiro na carreira de Earl Barnett como treinador.

Vencer finalmente melhorou o ânimo de Eurico, lembrando-o dos seus primeiros dias em Itapetininga. "Na cocheira de

Earl, senti como se estivesse de novo com Zeli", diz ele. "Era um bom lugar."

Outros treinadores começaram a reconhecer as habilidades de Eurico e negociaram com Freddy por seus serviços. Norman DeSouza, Johnny MacKenzie, Glenn Magnusson, Norm McKnight: todos eles operavam pequenas cocheiras com 15 cavalos ou menos. Mas Eurico e Freddy sabiam que poderiam melhorar suas chances de montar vencedores se pudessem desenvolver um relacionamento com uma grande cocheira. *Handicappers* e apostadores dizem que um jóquei é responsável por cerca de 10 por cento do desempenho de um cavalo em uma corrida. Mesmo o melhor jóquei não poderia vencer em alguns dos cavalos que Eurico estava montando, mas um bom jóquei pode fazer a diferença entre ganhar e perder em um bom cavalo. A maioria dos bons cavalos vem de grandes cocheiras.

Em julho, Eurico havia montado seis vencedores, o suficiente para Freddy persuadir um treinador líder em Woodbine, Roger Attfield, a lhe dar uma chance. Introduzido nos corredores da fama no Canadá e nos EUA, Attfield trabalhou para os proprietários mais ricos do país, incluindo Frank Stronach e King Haven Farms. Ao longo da sua carreira, ele ganhou oito *Queen's Plates* e o *Sovereign Award* de Melhor Treinador, um recorde por seis vezes. Dos sete cavalos que ganharam a Tríplice Coroa canadense, ele treinou três deles. "Ele foi o primeiro treinador a nos dar esperança", diz Eurico.

Quando um dos cavalos de Attfield, um azarão, precisou de um jóquei, Attfield permitiu que Freddy colocasse Eurico no cavalo. Ao longo da pista de grama de um quilômetro e meio, Eurico sabia que só poderia vencer a corrida se poupasse terreno andando próximo à cerca interna. Um por um, ele empurrou os cavalos à sua frente para longe da cerca e passou por eles. Quando chegaram à reta final, ele levou seu cavalo para fora. "E nós vencemos."

As táticas agressivas de Eurico não lhe renderam muitos amigos no vestiário dos jóqueis, mas vencer o ajudou a resistir a qualquer tentação de ceder aos demônios do sexo e das apostas. "Eu estava ocupado trabalhando", diz ele. "Eu estava profundamente dentro de mim, mudando minha vida. Eu não tinha tempo para brincar. Adorei a energia do Canadá. Eu trabalhava sete dias por semana. Eu só queria ser um atleta campeão." Ser campeão o ajudaria a realizar também outros dois sonhos: correr em Hong Kong e no Japão.

Outros jóqueis não sabiam ou não se importavam com as ambições de Eurico ou seus demônios. Eles viam apenas sua fome de vencer e as táticas ásperas que ele, às vezes, usava para alimentar seu apetite de vitórias. "Eles começaram a me dar problemas", diz Eurico. "Eles começaram a me acusar de montar de forma muito agressiva. Eles disseram que se vingariam de mim. Comecei a temer que os juízes de corrida pudessem me suspender. Era meu único medo."

Preocupado com a possibilidade de outros jóqueis se vingarem, Eurico ligou para o amigo Duarte, no Brasil. Duarte não ficou surpreso ao ouvir sobre o desejo de Eurico de montar vencedores ou as táticas agressivas que ele costumava fazer. Desde que o havia conhecido, ele distinguia a fome de vitórias do garoto, e Eurico não tinha mudado desde que se transferira para o Canadá. Mas quando Eurico disse que achava que devia revidar, Duarte falou: "Não faça isso. Se você fizer isso, eles saberão que podem te atingir." Eurico continuou correndo da única maneira que conhecia, até que finalmente os outros jóqueis recuaram.

CAVALGANDO PELA LIBERDADE

Ele estava correndo no Canadá há três meses quando Freddy começou a encontrar treinadores na pista de corrida em Fort Erie que contratariam Eurico para correr com eles. A cerca de 150 quilômetros de Toronto, ao sul do Lago Ontário, perto das Cataratas do Niágara, a pista de corrida centenária é considerada uma das mais belas instalações da América do Norte. Eurico havia disputado oito corridas lá, vencendo uma e ficando em terceiro lugar em outra, quando foi contratado por uma treinadora chamada Linda Pilotto para disputar a sexta corrida na última segunda-feira de julho em um cavalo chamado Udinese. Linda não apenas treinava o cavalo, como era também sua dona.

Antes do início das corridas naquele dia, Eurico passou algum tempo com Udinese. "Aprendi a não tocar na boca dele", diz. "Eu apenas o deixava correr livre. Ele sabia o que fazer."

Naquela tarde, entrando no vestiário, Eurico notou outro jóquei olhando para a programação do dia. O homem se virou para Eurico e disse: "Você veio de Toronto para montar este cavalo?" Eurico disse que sim. "Você sabia", continuou o jóquei, "que seu cavalo nunca chegou mais perto do que 15 corpos em uma prova?"

Alguns dos outros jóqueis riram. "A dona dele era policial", disse o jóquei. "Se ela não gostar do jeito que você monta, ela vai bater em você."

Eurico sentiu que estava ficando com raiva. "Você quer ganhar dinheiro?", ele perguntou. "Aposte neste cavalo."

Outro jóquei interveio. "Vencer neste cavalo? Acho que não."

Mas Eurico insistiu. "Você vai ganhar dinheiro, porque vou vencer."

Eurico podia ter soado confiante para os outros, mas na sua mente, ele não tinha tanta certeza. Em uma corrida de sete cavalos, ele desejava chegar na frente de pelo menos outros dois. "Então, eu não ficaria tão mal no vestiário dos jóqueis."

Permanecendo na cerca, Eurico deixou o cavalo correr livre na primeira curva. Eles passaram por um cavalo que estava se cansando. Correndo com facilidade, eles ultrapassaram outro cavalo. "Agora eu estava feliz", diz Eurico, embora eles ainda estivessem dez corpos atrás dos líderes.

Vendo que os outros jóqueis não estavam economizando terreno do jeito que ele fazia junto à cerca interna, Eurico começou a puxar o cavalo. Ele tinha reduzido a distância para cinco corpos quando eles entraram na segunda curva. Quando eles saíram dela, a diferença havia diminuído para três corpos. Um dos cavalos à frente da Udinese não conseguia manter o ritmo. Então, outro cavalo diminuiu a velocidade.

"Comecei a mexer as rédeas no rosto de Udinese", diz Eurico, "para que ele soubesse que deveria correr ao máximo."

À frente deles, Eurico podia ver a linha de chegada e, na lateral da pista, Linda Pilotto com sua camiseta branca, pulando para cima e para baixo enquanto a Udinese cruzava a chegada um corpo à frente do grupo. Naquela noite, ela e o marido levaram Eurico para jantar fora.

O desempenho de Eurico também deu ao seu agente algo para se gabar e, com a ajuda de Freddy, sua reputação como um jóquei vencedor começou a se espalhar. Mas ele correu por mais um ano antes de convencer as maiores cocheiras de que poderia vencer com seus cavalos. Em sua primeira temporada como jóquei no Canadá, Eurico conquistou apenas 49 vitórias em 524 partidas, a maioria delas em Woodbine. Sua porcentagem de vitórias de 9 por cento em seus primeiros dois anos foi a mais baixa das suas 16 temporadas no Woodbine. A maioria das suas vitórias, nesses anos, veio em disputas de corridas com pequenos prêmios das bolsas. Mas, gradualmente, sua porcentagem de vitórias aumentou, assim como o dinheiro que suas corridas renderam aos proprietários.

No início do ano, Claudia ficou grávida, mas sofreu um aborto espontâneo. Decepcionados, mas ainda esperançosos, eles disseram um ao outro que teriam mais chances de ter filhos. Internamente, Eurico se perguntava se o aborto espontâneo não era uma retribuição por sua traição à Claudia. "Eu me culpei por ser um merda."

No final da sua primeira temporada de corridas no Canadá, Eurico viajou para o Brasil, enquanto Claudia voltou para Macau para visitar a família. "Trabalhei com meu irmão em seu negócio em São Paulo", diz Eurico, "e visitei meus avós em Buri."

Durante sua visita, seu avô ficou doente. Eurico o levou para tratamento no hospital de Itapetininga. Quando seu avô viu a escada que levava à entrada do consultório médico, se perguntou em voz alta como poderia chegar até a porta. Eurico o pegou e o carregou, pensando em todas as vezes na vida em que o avô havia-o carregado em momentos difíceis. Depois disso, Eurico enviou dinheiro a Buri para pagar os medicamentos do seu avô até sua morte, no agosto seguinte.

Um dia antes de deixar o Brasil para voltar ao Canadá, ele visitou Duarte. Até então, Eurico tinha ficado longe do amigo. "Eu sabia que ele gostava de muitas garotas", diz ele, "e eu estava determinado a não brincar."

Depois de se encontrarem para almoçar, Duarte pediu a Eurico que fosse com ele ao Morumbi para cobrar uma dívida de alguém que pedira dinheiro emprestado a ele. Eles chegaram aos portões de um condomínio cercado por muros altos. "Esse cara deve dinheiro a você?", disse Eurico. "Não é um cara", disse Duarte. "É uma garota."

Os portões se abriram e eles entraram em uma garagem que podia acomodar cerca de sete carros. Mais à frente, Eurico viu mesas de sinuca em elaboradas varandas que se estendiam da casa e contou oito ou nove lindas e bem vestidas garotas vagando por perto. "Naquele momento, estou pensando, *Isso não cheira bem*."

Suspeitando que as mulheres fossem prostitutas, Eurico disse a Duarte que ele havia mudado de comportamento. "Eu falei: 'Parei com essa merda'." Mas Duarte insistiu que tinha vindo apenas para receber o dinheiro.

Eurico se retirou para um banco no canto de uma varanda e esperou o amigo completar sua missão. Quando Duarte começou a jogar sinuca com algumas garotas, Eurico ficou impaciente. Ele ficou ainda mais irritado quando uma garota loira se sentou ao lado dele. Mas, em vez de envolvê-lo em uma conversa fácil, ela disse: "Eu preciso sair deste lugar."

Ela explicou a Eurico que tinha vindo do Rio de Janeiro para São Paulo após responder um anúncio para trabalhar como secretária. Em vez disso, ela foi levada para o condomínio e disseram que trabalharia ali como acompanhante.

Mais duas meninas se juntaram a eles e contaram a Eurico uma história semelhante. Elas pediram sua ajuda. "Elas só queriam que eu as levasse para a rodoviária, para que pudessem voltar para o Rio de Janeiro."

Eurico falou que chamaria a polícia, mas elas pediram para que não telefonasse. Ele disse a elas para fazerem as malas e irem com ele. Para Duarte, ele comunicou: "Temos que tirar essas meninas daqui."

Enquanto as meninas faziam as malas, Eurico chamou um táxi, deixou Duarte para trás e levou duas meninas para a rodoviária. Ele convidou a terceira garota para ir com ele ao apartamento de Duarte. Naquela noite, Eurico a levou para jantar. Quando eles voltaram para o apartamento, dormiram juntos. Os demônios de Eurico haviam retornado.

"Eu só tinha um dia antes de ir embora", diz ele. "Duarte começou a rir."

No dia seguinte, a garota voltou para o Rio e Eurico para o Canadá. "Foi a primeira vez em meu casamento que eu gostei de outra mulher e cedi", diz ele. Mas ele manteve contato com a garota.

Quando Claudia voltou para o Canadá, ela se mudou para um apartamento que Eurico havia alugado perto de High Park, no extremo oeste de Toronto. E quando Eurico voltou para casa, ele passou os meses antes do início da temporada de corridas em uma biblioteca próxima, lendo livros que poderiam ajudá-lo a aceitar seu comportamento impulsivo.

Eurico não teve uma boa temporada. Com apenas 42 vitórias em 449 corridas, seu desempenho ficou aquém do ano anterior, embora ele tenha ganho alguns grandes prêmios, incluindo o *Rainbow Connection Stakes* de US$ 125.000, uma das duas únicas corridas naquele ano em Fort Erie, e o *Bell Canadian Handicap*, onde terminou em terceiro lugar na Mona Rose, de Earl Barnett. Era difícil imaginar que ele realizaria seu sonho de se tornar um campeão ou que sua porcentagem de vitórias subiria para 20 por cento ou mais em nove dos próximos 14 anos. Em junho, ele completaria 30 anos.

No fim da temporada, Claudia regressou a Macau. Eurico voltou ao Brasil, onde entrou em contato com a garota que conhecera no ano anterior e passou uma semana com ela em um resort em Fortaleza, próximo à Praia de Jericoacoara, no litoral norte. "Nos divertimos como loucos, tivemos bons momentos, lemos livros juntos e então, eu tive que ir."

De volta ao Canadá, Eurico ligou para Freddy e descobriu que seu agente sofria de problemas cardíacos que exigiam cirurgia. Quando Eurico foi vê-lo, Freddy estava terrível. A medicação prescrita para seu problema havia feito seu corpo inchar. Aconselhado a reduzir o estresse em sua vida, Freddy disse que teria que se aposentar novamente, dessa vez para sempre. Sem Freddy para representá-lo, Eurico teria que encontrar outro agente.

No final da temporada anterior, Eurico havia comprado um apartamento em um empreendimento de 48 andares chamado Lakeside Place. Construído em 1991, o condomínio dava para o Lago Ontário, com vista para o leste da linha do horizonte de Toronto. Mas uma nova casa não aliviou os sentimentos de culpa e vergonha de Eurico, nem melhorou seu relacionamento com Claudia. Eles discutiam sobre assuntos triviais e levantavam velhas queixas no meio das suas discussões. Eurico queria comprar uma casa, mas Claudia preferia um apartamento. Claudia culpou Eurico por trazê-la para o Canadá, onde a temperatura caiu abaixo de zero em dezembro e permaneceu assim pelos três meses seguintes. Ela não tinha amigos em Toronto. Aliviada por visitas ocasionais ao irmão e ao primo, ela passava a maior parte do tempo sozinha com os cachorros, olhando pela janela, o céu cinza e a água azul gelada do lago. Além de filmes antigos, eles não tinham interesses em comum. Claudia não gostava de cavalos.

Enquanto isso, a vida de Eurico nas pistas oferecia pouco descanso. Para representá-lo naquela temporada, ele recorreu a um agente chamado Don Parente. Trabalhador, apresentável, com quase 30 anos, Parente, como Eurico, estava começando a construir fortes conexões na comunidade das

CAVALGANDO PELA LIBERDADE

corridas. "Ele era o oposto de Freddy", diz Eurico, "calmo, não enérgico."

Don era bom em escolher cavalos, e Eurico confiava nele para encontrar animais que respondessem bem ao seu estilo de montar. "Comecei a ganhar para cocheiras menores", diz Eurico, "e Don tinha bons contatos. Isso nos ajudou a entrar nas cocheiras maiores."

O estilo agressivo de corrida de Eurico continuou a causar problemas com outros jóqueis. "Eles disseram que eu estava montando muito agressivamente. Eu estava correndo riscos. Largando do partidor, eles falaram que eu tinha cortado rápido demais para chegar à cerca. Dando uma volta, eu havia empurrado um cara para fora, para passar por ele."

Os jóqueis reclamaram com Eurico, perguntaram o que ele estava fazendo. "Eles disseram: 'Pega leve, seu merda'. Eu pedia desculpas, mas quanto mais eu fazia isso, pior ficava." A atmosfera no vestiário dos jóqueis se deteriorou ao longo da temporada.

Os jóqueis disseram a Eurico que ele estava arriscando sua vida e também a deles. Eles ameaçaram machucá-lo se ele continuasse a montar com um desprezo tão imprudente pela segurança de todos. Mas as ameaças não o incomodaram. "Eu não me importava se estava vivo ou morto."

Para se manter firme, Eurico começou a ter aulas de taekwondo. Desenvolvida na Coréia na década de 1950, a arte marcial enfatiza a força, a respiração, o equilíbrio e a velocidade. O treinamento o ajudou a manter as pernas fortes para que ele pudesse se agachar acima do dorso de um cavalo no estilo de equitação que os jóqueis usavam desde o século 19. Cavalgar naquela posição elevava a frequência cardíaca de Eurico ao seu nível máximo no final de uma corrida, e o taekwondo ajudava a manter seu ritmo cardíaco, também. Sem contar que o auxiliaria a se defender dos jóqueis que queriam brigar com ele, caso precisasse.

"Eu não estava tão preocupado que eles me machucassem", diz ele. "Eu estava com mais medo de fazer algo ruim para eles."

Os jóqueis não foram os únicos a olhar alarmados para o estilo agressivo de montar de Eurico. Os juízes de corridas de Woodbine também começaram a notar. Sentados seis andares acima da pista, os três juízes observavam as corridas para detectar violações das regras como uma largada falsa, interferência no percurso ou uso do chicote em um cavalo muitas vezes. Agora eles começavam a assistir Eurico enquanto ele ultrapassava os limites das regras. Quando ele foi longe demais, eles o suspenderam. Ao longo da temporada de 2006, ele foi suspenso mais de uma vez.

Embora as suspensões possam ter prejudicado suas chances de correr em Hong Kong ou no Japão, também tornaram Eurico mais atraente para treinadores e proprietários. "Treinadores gostam de caras corajosos", diz ele, "e os proprietários sempre defendem um atleta se ele for suspenso." Um dos treinadores que ficou impressionado com o estilo de Eurico foi Reade Baker, que havia ganho um *Sovereign Award* em 2005 como Melhor Treinador do Canadá, e introduzido no Hall da Fama da Corrida de Cavalos Canadense. Se Eurico queria correr para uma grande cocheira, o Reade Baker estava entre as maiores.

Mesmo com o apoio de Don Parente para as corridas, o desempenho de Eurico ao longo da temporada não foi impressionante. Ele montou 66 cavalos vencedores, mais do que tinha feito nos dois anos anteriores, em 503 corridas, aumentando sua porcentagem de vitórias para 13 por cento. Não foi um desempenho ruim, mas Eurico sabia que podia ter feito melhor.

Estressado com os resultados medíocres e sentindo-se culpado pela traição à esposa, Eurico perdeu totalmente a cabeça e voltou a visitar prostitutas. Não foi difícil. No caminho para casa, à tarde, ele encontrava uma prostituta na internet e combinava de conhecê-la, sempre uma garota diferente a cada vez. "Foi uma forma de tirar a dor. Eu ainda tinha esse buraco negro dentro de mim. Eu não queria ir para casa."

Totalmente ciente de que estava se rebaixando, mesmo que não entendesse por que estava fazendo isso, Eurico considerou consultar um psicólogo. Mas admitir publicamente que precisava de ajuda o teria exposto a acusações de fraqueza. Sua esposa não sabia que ele tinha visto um terapeuta no Brasil, e ele se perguntava o que ela pensaria dele, se ele procurasse ajuda psicológica novamente.

Foi preciso um cavalo para convencer Eurico de que precisava de ajuda. Ele ainda não tinha se decidido quando Earl Barnett o pediu para trabalhar com um dos seus animais. O cavalo, chamado Great Auntee, era temperamental e muitas vezes desafiava Eurico quando ele o montava pela manhã. "Um dia gritei com ele", diz Eurico. "Isso é algo que eu não faço. Normalmente, tenho muita paciência."

Quando eles voltaram para a cocheira, Great Auntee começou a contrair os músculos. "Eu me senti um merda quando saí de lá", diz Eurico.

Estupefato e perplexo com a deterioração do seu comportamento, Eurico procurou na internet, naquele dia, o nome de um psicólogo que pudesse ajudá-lo, e então, marcou uma consulta. Havia apenas um porém: a especialidade do psicólogo não era a compulsão sexual. Era o esporte.

Eurico com Alexandrea Tersigni

CAPÍTULO SEIS

Quando Eurico falou com um repórter de jornal em 2010 sobre sua amizade com uma adolescente chamada Alexandrea Tersigni, poucos leitores reconheceriam a profundidade das suas palavras.

Talvez eles soubessem que Eurico havia conduzido Big Red Mike à vitória, naquele ano, no *Queen's Plate*, que ele havia vencido o *Queen's Plate* no ano anterior também, que se tornara o jóquei escolhido para algumas dos maiores cocheiras de Woodbine e que ele estava a caminho de ser vencedor quatro vezes mais naquele ano do que em seu primeiro ano na pista. Mas nenhum deles saberia sobre os demônios que continuaram a atormentá-lo, a tensão que sentiu em seu casamento, a culpa que paralisou seu espírito quando se rendeu a uma compulsão avassaladora de pagar mulheres por sexo, ou as vozes que diziam que ele era uma fraude e o incitavam a se matar mesmo depois de conhecer a Rainha da Inglaterra e estar comemorando seu triunfo no maior evento do calendário canadense de corridas de cavalos. Nem saberiam que, por toda compaixão e generosidade que ele havia demonstrado ao se tornar amigo de Alexandrea, ela lhe tinha dado um presente de valor muito maior: uma razão para viver.

"Sempre que estou ao lado dela, me sinto positivo", disse

ele sobre a adolescente que o abordou em 2007 porque gostava do jeito que ele sorria. "Eu me comprometi a ser positivo, e de certa forma isso é bom, porque às vezes as coisas não vão bem na sua vida, certo? Nossa mente é assim. Nossa mente está sempre nos questionando, mas eu penso em Alexandrea. Ela sorrindo, está feliz e me ama. Eu a amo. Eu sou uma boa pessoa. E isso me anima."

Quando conheceu Alexandrea em 2007, Eurico já tinha passado bastante tempo com o psicólogo do esporte que havia encontrado na internet para lhe contar em termos gerais sobre sua vida. Eurico contou sobre a mulher no Brasil com quem manteve contato desde seu primeiro encontro, dois anos antes, e a rotina exaustiva que ele seguia nas pistas, às vezes trabalhando 12 horas por dia, sete dias por semana. Ele disse ao psicólogo que seu pai e sua mãe estavam separados, mas não falou sobre seu pai em muitos detalhes, nem sobre a influência perturbadora que seu pai continuava a exercer em sua vida.

Seguindo o conselho do psicólogo, Eurico encerrou seu relacionamento com essa mulher quando voltou ao Brasil no inverno. O seu desempenho na pista também melhorou naquele ano, apoiado por sessões de meditação, que ele continua a praticar diariamente. Mas, mesmo enquanto resistia à tentação de encontrar uma parceira sexual, ele ainda se sentia culpado pela sua vontade de fazer sexo com outras mulheres que não a sua esposa. Às vezes, quando se sentia isolado de Claudia, ele se lembrava da advertência que sua mãe lhe dera durante uma das suas visitas ao Brasil. Ela havia notado que seu filho passava por problemas e adivinhado que seu distanciamento tinha algo a ver com as mulheres. "Você é exatamente como seu pai", ela disse. "Não faça nada para machucar a Claudia."

Agora, não importava o que fizesse, não conseguia ver uma alternativa que não magoasse sua esposa.

Eurico estava se afundando ainda mais nessa situação quando Alexandrea Tersigni entrou em sua vida como um anjo de misericórdia. Nascida prematuramente e com paralisia cerebral, convulsões, dificuldades de aprendizagem, problemas circulatórios, síndrome de Tourette, lúpus e ansiedade, ela o abordou em Woodbine enquanto ele caminhava para o vestiário dos jóqueis após uma corrida, disse "oi", deu-lhe um abraço rápido e saiu correndo.

Os pais de Alexandrea, Enzo e Rose, trouxeram sua filha para Woodbine na esperança de aliviar sua depressão. Quando viu Eurico na TV, ela disse que queria conhecê-lo, porque parecia ser um bom jóquei. "No início, ela me dava um abraço e fugia", diz Eurico. "Eu apenas sorria para ela e então, lentamente, ela começou a falar comigo. Lembro-me que no começo ela tinha muita dificuldade para falar e não sorria muito."

Com o passar do tempo, Alexandrea e Eurico foram se aproximando. Ele mostrou a ela alguns dos cavalos que montava. Ele a visitou em sua casa em Bolton, a cerca de 20 minutos ao norte da pista, e a levou a fazendas nos arredores de Ontário para visitar cavalos de corrida aposentados e mostrar a ela como cuidar de um cavalo.

"O nível de confiança dela aumentou muito quando ela conheceu Eurico e começou a falar com ele", disse o pai dela, Enzo, em uma entrevista ao *National Post*. "Você a vê no começo e você a vê agora — é uma diferença brutal. Agora ela está tão confiante. Ela fala, ela sorri, ela se diverte. É como se ela estivesse em seu próprio domínio. Quando ela está aqui, está em sua zona de conforto. Ela se abre."

Com a presença de Alexandrea em sua vida, o desempenho de Eurico na pista começou a melhorar. O fato do seu agente, Don Parente, ter chamado a atenção de Reade Baker para seu cliente, ajudou. Aos 60 anos, Baker passou mais de quatro décadas em corridas, primeiro como cavalariço e galopador, depois como agente e criador e, nos 20 anos anteriores, como treinador. Quando Eurico começou a correr para ele, Baker tinha acabado de ganhar um *Sovereign Award* como Melhor Treinador do Canadá. Montar cavalos do estábulo de Baker ajudou Eurico a aumentar suas vitórias, naquele ano, para 83 em 651 partidas.

Com o final da temporada, Eurico obteve a licença para montar em Cingapura e foi para lá em dezembro. Operando desde 1842, o Singapore Turf Club em Kranji, um subúrbio na seção noroeste da cidade-estado da ilha, acomoda um total de sete pistas de grama sintética e areia. A maioria dos cavalos vem de criadores da Austrália e da Nova Zelândia, e são alojados em cocheiras administradas por 26 treinadores estrangeiros e locais. A maioria dos jóqueis são treinados localmente, embora o Turf Club conceda licenças a 10 jóqueis expatriados, também. Eurico era um deles.

Trabalhando para dois treinadores, incluindo um veterano chamado Douglas Dragon, Eurico correu na sexta e no domingo. "Era meio trabalho, meio férias", diz ele. À medida que se familiarizava com as instalações em Kranji e passava mais tempo, ele fez amizade com um *handicapper* chamado William, que aparecia na pista todas as manhãs para marcar o tempo dos cavalos durante os treinos. William o apresentou ao irmão do primeiro-ministro de Cingapura, amante de corridas de cavalos, que se encontrava frequentemente com Eurico para almoçar e jantar em restaurantes da cidade, e lhe mostrou a fazenda no centro de Cingapura, onde ele cultivava flores.

Eurico também começou a treinar muay thai, uma arte marcial de contato praticada pela primeira vez na Tailândia no século 18. Como o esporte enfatiza o condicionamento físico, ele costumava correr pela Reserva Natural Bukit Timah, não muito longe do seu apartamento, onde podia avançar por florestas de árvores, vinhas e samambaias até o ponto mais alto da cidade. Quando Claudia se juntava a ele por três semanas, eles costumavam passear pela reserva.

Pouco depois de chegar a Singapura, Eurico recebeu um telefonema de um proprietário que o conhecera em Macau, sugerindo que ele e Eurico pudessem trabalhar juntos para apostar com sucesso em corridas. Quando Eurico disse que havia parado de apostar, o dono insistiu, finalmente persuadindo Eurico a se encontrar com ele em uma tarde para uns drinques. Mais uma vez, Eurico explicou ao proprietário que havia parado com aquilo. "Mesmo se você me der dez mil dólares, eu não farei isso", disse Eurico. O proprietário ficou impaciente com ele. "Você não gosta de ganhar dinheiro?", ele perguntou. "Eu faço dinheiro da maneira que quero fazer dinheiro", respondeu Eurico.

Além desse encontro, Eurico não sentiu nenhuma pressão em Cingapura para estar acima dos seus limites. "As pessoas eram maravilhosas", diz ele. "O prêmio em dinheiro era bom. As corridas eram muito organizadas, muito profissionais. Eu fui bem lá."

De volta ao Canadá, o agente de Eurico, Don Parente, continuou a fortalecer os relacionamentos do seu cliente com os principais treinadores em Woodbine. Eles representavam proprietários com muita grana, que podiam pagar para criar e treinar os melhores cavalos do continente, e ofereceram a

Eurico a chance de montar mais vencedores do que ele havia feito desde que tinha chegado ao Canadá, quatro anos antes.

Nenhum dos cavalos que ele montou, naquele ano, superou um potro castrado de três anos chamado Fatal Bullet. Filho do vencedor do *Preakness Stakes* de 2000 e comprado aos dois anos de idade pelo estábulo Bear Stables de Danny Dion por US$ 27.000, Fatal Bullet ganharia mais de US$ 1,4 milhão durante sua carreira de corredor. Quando Reade Baker escolheu Eurico para montar o cavalo em julho, ele já tinha montado outros dois cavalos do Bear Stables naquele ano e impressionado o proprietário, que havia transformado uma empresa de remoção de madeira operada por um só homem em uma importante empresa de desmatamento de terras em Alberta, que empregava 240 pessoas.

Montando Fatal Bullet em seu primeiro grande prêmio, o *Bold Venture Stakes*, Eurico guiou o cavalo para estabelecer um recorde de 1.300 metros. No início de setembro, um dia antes do Dia do Trabalho, Eurico terminou a corrida em Woodbine e foi levado em um avião particular para Erie, Pensilvânia, onde Reade Baker havia inscrito Fatal Bullet no segundo grande prêmio *Tom Ridge*, em Presque Isle Downs. Batizada com o nome de um ex-governador da Pensilvânia, a corrida de 1.200 metros atrai alguns dos melhores animais de três anos do Canadá e dos Estados Unidos, com um prêmio da bolsa de US$ 100.000. "Fatal Bullet correu como um dos melhores velocistas do planeta", afirma Eurico. "Ele destruiu os competidores."

Mais tarde, naquele mês, Eurico embarcou novamente no avião particular de Dion para o Kentucky, onde Reade Baker havia entrado com Fatal Bullet no *Kentucky Cup Sprint Stakes* e com Bear Now no *Kentucky Cup Distaff Stakes* para animais de três anos ou mais. Com um prêmio da bolsa de

CAVALGANDO PELA LIBERDADE

US$ 100.000, a corrida *Sprint Stakes* atraiu vários cavalos que ganharam a *Breeders' Cup*. Mais uma vez, Fatal Bullet alcançou a vitória, estabelecendo um recorde de 1.200 metros. Eurico também conquistou o primeiro lugar com Bear Now na *Distaff*, dando aos estábulos dos cavalos uma dupla vitória naquele dia.

No fim de outubro, Eurico viajou para a Califórnia para participar de duas corridas da *Breeders' Cup*, em Santa Anita Park. Na *Breeders' Cup Ladies' Classic* de US$ 2 milhões, ele levou a Bear Now a um decepcionante oitavo lugar, depois de liderar a maior parte da corrida.

No dia seguinte, antes da *Breeders' Cup Sprint*, Eurico estava fazendo seu aquecimento com Fatal Bullet diante de 50.000 espectadores nas arquibancadas quando surgiu, em sua mente, a imagem da Santa Vó Rosa. "Eu surtei", diz ele. "Eu não sabia o que estava acontecendo comigo. Falei com o cavalo. Eu disse: 'Fatal Bullet, não estou confiante. Preciso da sua ajuda'."

Fatal Bullet se virou e olhou para Eurico "com amor", diz ele. "Minha mente clareou. Minha confiança voltou. Nós largamos do partidor. Mantivemos o ritmo." Atacando à frente do pelotão na última reta, Eurico teve uma visão livre da linha de chegada, apenas para ser ultrapassado nos últimos 50 metros por Midnight Lute, que voltava de lesão naquele ano para vencer a corrida pela segunda vez consecutiva, em tempo recorde mundial.

Naquela noite, no hotel, Eurico estava bebendo champanhe com Danny Dion e Reade Baker, mas sua mente estava longe: *Por que quando eu falo com o cavalo, a imagem na minha mente desaparece?* "Depois disso", diz ele, "se eu não me sentia bem, falava com o cavalo. Eles se tornaram meus psicólogos."

Por suas atuações em 2008, Fatal Bullet ganhou dois

Sovereign Awards, como Campeão do Canadá e Cavalo do Ano. Bear Now também foi nomeada Campeã Fêmea Mais Velha naquele ano, e Bear Stables, nomeado Melhor Proprietário.

Graças ao forte desempenho de Fatal Bullet, os ganhos de Eurico aumentaram para US$ 6,2 milhões, quase o dobro do valor que ele havia ganhado no ano anterior, e ele terminou a temporada com 109 vitórias em 741 corridas.

Ele também se tornou amigo de Reade Baker, que não era apenas uma figura integrante na cultura do Hipódromo de Woodbine, mas estava envolvido no programa de capelania da pista. Uma tarde, enquanto ele e Eurico plantavam flores juntos em um jardim atrás da cocheira, Baker disse: "Eurico, você precisa de alguém em quem possa confiar. Alguém com quem você pode se abrir sobre sua vida. Nenhum de nós é o que mostramos para o mundo."

Baker sugeriu que Eurico conversasse com Jim Bannon, um comentarista de corridas da TV. "Jim é o cara. Ele não julga ninguém", disse ele.

Eurico se reuniu com Bannon com frequência para almoçar, fazer um desjejum ou apenas tomar um café em uma rede de restaurantes canadense chamada Tim Hortons. De manhã, ele se sentava com Bannon na arquibancada enquanto este observava os cavalos se exercitando na pista e se preparava para seus comentários diários. Ocasionalmente, eles iam juntos, à noite, para um abrigo de sem-teto em Etobicoke, um subúrbio a oeste de Toronto, para separar as roupas das pessoas que usavam as instalações e para conversar com elas quando não conseguiam dormir. "Ele me ensinou a retribuir à comunidade", diz Eurico. Quando sua avó morreu naquele ano, ele conversou com Bannon sobre a influência dela em sua vida.

"Bannon é uma pessoa maravilhosa", diz Eurico. "Eu sinto que tenho uma família no Canadá. Ele é o padrinho do meu filho."

Por meio da sua escola de taekwondo, Eurico conheceu Stephen Sealy, um mestre de quinto dan, que se tornou seu treinador pessoal. "Nos encontramos duas vezes por semana durante a temporada, quatro vezes por semana no inverno."

Normalmente, Eurico ia à casa do Mestre Sealy, perto de Sherway Gardens, um subúrbio a oeste de Toronto. "Cada vez que eu ia lá, ele fazia um café expresso, depois íamos para o seu dojang."

Quando Eurico comprou um cavalo mecânico chamado Equicizer, ele o guardou na garagem do Mestre Sealy. Usando uma câmera de vídeo, Sealy ajudou Eurico a se posicionar no cavalo. "Trabalhamos juntos por oito anos", diz Eurico.

Apesar do seu ano de sucesso nas corridas e das novas amizades que havia feito, Eurico voltou a Cingapura no início de 2009 sob uma nuvem de dúvidas e ansiedade. Passando o primeiro mês sozinho, ele se sentia perdendo o controle sobre sua compulsão. A imagem de Santa Vó Rosa não parava de surgir em sua mente e as vozes o incitavam a se matar. "O medo era louco", diz ele.

Em fevereiro, Claudia passou duas semanas com ele. "Mas não conversamos", diz Eurico. "Eu ainda estava carregando tudo sozinho."

De vez em quando, ele ligava para seu psicólogo em Toronto, mas as conversas pouco ajudaram a conter seu desespero. Quando retornou ao Canadá no final de março, Eurico voltou a pagar para fazer sexo.

Preocupado com sua crescente ansiedade e seu comportamento aberrante, ele tentou, em casa, concentrar-se em seu desempenho na pista. Don Parente continuou a abrir as portas para as maiores cocheiras em Woodbine, incluindo a Fazenda Sam-Son. Fundada na década de 1960 por Ernie Samuel, fundador de um fabricante de metal e produtos industriais chamado Samuel Son & Company, Sam-Son começou como um lar para cavalos saltadores de competição e entrou nas corridas de cavalos puros-sangues, em 1972. Em 2009, quando Eurico começou a montar para Sam-Son, a fazenda ganhou seis *Sovereign Awards* como Criador Excepcional e nove prêmios como Proprietário Excepcional, incluindo o próprio Ernie Samuel.

Sam-Son também colocou seu nome no *Queen's Plate* quatro vezes em 2009, e seu treinador, Mark Frostad, esperava um quinto prêmio. Um dos seus cavalos, Eye of the Leopard, parecia um possível candidato, mas o cavalo estava atrasado no desenvolvimento e havia sofrido uma infecção respiratória que o impediu de competir até abril de 2009, quando ele terminou em terceiro e último lugar em uma corrida em Kentucky. Quando ele voltou, Frostad escolheu Eurico para montá-lo. "Ele era um cavalo desajeitado", diz Eurico, "mas muito talentoso. Depois de trabalhar com ele na primeira manhã, disse a Don Parente que este poderia ser o nosso primeiro vencedor do *Queen's Plate*."

Eurico levou-o à vitória na primeira corrida "de peso" no início de maio e venceu novamente em 30 de maio no *Plate Trial Stakes* de US$ 150.000.

Em 21 de junho, na 150ª corrida do *Queen's Plate*, Eurico manteve o cavalo logo atrás dos líderes, o Mr. Foricos Two U, montado por Mike Smith, um jóquei do Hall da Fama dos

EUA e vencedor de mais corridas da *Breeders' Cup* do que qualquer jóquei na história, e Milwaukee Appeal, cujo jóquei, Stewart Elliott, havia montado o ganhador cinco anos antes no *Kentucky Derby*. Ao dobrar a curva para a reta final, o Mr. Foricos Two U saiu em disparada e parecia um vencedor certo. Mas, a cada galope, o Eye of the Leopard encurtava o terreno entre eles e, no último pulo, ganhou por um focinho.

Para Eurico, foi a realização de um sonho. No meio da sua temporada de maior sucesso até então, ele decidiu doar uma porcentagem dos seus ganhos para a LongRun Thoroughbred Retirement Society, uma organização sem fins lucrativos criada em 1999 para encontrar lares adotivos para cavalos de corrida aposentados. "Eles fazem um trabalho fabuloso", conta.

Eurico podia ter alcançado o ponto alto da sua carreira como jóquei, mas não teve muito tempo para saborear o momento. "Achei que se ganhasse o *Queen's Plate*, ficaria bem", diz ele. Mas em vez de vencer os demônios que o assombravam, eles voltaram com uma vingança. Em uma semana, ele começou a ouvir vozes novamente. "Você ganhou o *Queen's Plate*", disseram eles. "Agora é a hora de se matar."

As vozes o apavoraram, mas ele não contou a ninguém sobre elas. Decepcionado com o progresso com seu psicólogo esportivo, ele decidiu encerrar as consultas. Eurico se sentiu grato pela ajuda que recebeu, mas sabia que precisava olhar mais profundamente para dentro de si mesmo do que tinha alcançado até então, para iluminar as forças que o levavam a se comportar de maneiras que ele não compreendia e que o enchiam de vergonha e medo. Essas forças minavam sua confiança em seu próprio valor, e ele sabia que poderia não as superar vencendo corridas ou estabelecendo recordes na pista.

Ele também percebeu que essas forças haviam surgido do seu relacionamento desagradável com seu pai e que, não importava o quanto ele havia realizado em sua vida ou carreira, ele nunca iria superá-las, a menos que desvendasse os laços que o ligavam ao seu progenitor, e ele não poderia fazer isso sem ajuda. Agora ele procurava um terapeuta dedicado a lidar com o vício sexual dos clientes. Depois de um começo complicado, notou, na internet, uma referência a um psicólogo em Toronto especializado em compulsão sexual. Ele também descobriu que o médico trabalhava muito com atletas profissionais.

"Quando fui vê-lo, contei-lhe a história da minha vida", diz Eurico, "sobre os meus pais, a religião deles e a forma como cresci com o meu pai. Ele apenas me escutou."

Antes do final da primeira sessão, o médico chamou a atenção de Eurico para a influência do trauma da sua infância em seu comportamento adulto, especificamente a religião dos seus pais, sua pobreza, sua asma e os abusos que tinha sofrido nas mãos do seu pai. "Você não está se comportando assim porque é uma pessoa má", disse ele, sugerindo alguns caminhos que Eurico poderia seguir para se libertar da tirania do seu passado. "Você é uma pessoa muito disciplinada, mas disciplina não é suficiente. Você tem que trabalhar para libertar sua mente dessas forças."

Eurico começou a se encontrar com o médico em intervalos regulares. Entre os exercícios que o doutor prescreveu, ele aconselhou Eurico a deixar sua mente evocar imagens da sua infância. Ele o alertou que o exercício poderia ser difícil e poderia confrontá-lo com algumas imagens perturbadoras. "Mas vá o mais longe que puder", disse o psicólogo.

Durante uma dessas sessões, Eurico contou ao médico que suspeitava sobre a sua própria sexualidade. Admitiu que

CAVALGANDO PELA LIBERDADE

pensou que poderia ser homossexual. Ao final da sessão, sentiu tanta vergonha e ódio de si mesmo que foi tentado a encerrar seu relacionamento com o médico. "Eu estava tremendo quando saí", diz ele. Eurico voltou, mas nunca mais tocou no assunto.

Em outra sessão, o médico ajudou Eurico a se imaginar na infância. "Eu vi um bebê", diz Eurico. "Ele estava muito triste, muito feio. Parecia que estava coberto de lama e sujeira." A imagem o assustou. "Foi difícil chegar lá."

O médico desenhou dois rostos em uma folha de papel. Um deles estava feliz, o outro, triste. Para trabalhar e transformar a imagem triste em feliz, disse a Eurico que ele precisava libertar a mente. Então, olhou nos olhos de Eurico e falou: "Você vai ser livre."

A partir daí, Eurico diz: "Eu vivi com essa promessa no coração."

As sessões com o psicólogo continuaram por quase sete anos. "Ele me tirou da lama para onde estou hoje", diz Eurico. Mesmo após o encontro inicial, Eurico se sentiu menos compelido pelas forças que não conseguia controlar. Ele também percebeu que a energia que guiava sua vida começava a mudar. Ele se tornou mais competente não apenas como jóquei, mas também como pessoa.

Na pista, a atuação de Eurico e o trabalho de Don Parente como seu agente valeram a pena. Eurico agora estava correndo para algumas das maiores cocheiras do Canadá, incluindo Bear Stable, Terra Racing Stable e Sam-Son Farm. Vencer o *Queen's Plate* havia elevado seu nome ainda mais, como um jóquei que conseguia tirar o melhor de um bom cavalo.

Em junho de 2010, ele tinha corrido bem naquele ano em vários grandes prêmios, incluindo o *Vigil Stakes* de

US$ 150.000, onde ele montou Fatal Bullet para terminar em segundo lugar, e uma vitória no *Star Shoot Stakes* em abril, em um animal de três anos chamado Biofuel, uma égua treinada por Reade Baker e propriedade do ex-governador de Kentucky. Biofuel tinha sido campeã aos dois anos de idade em 2009 e seria nomeada Cavalo do Ano do Canadá em 2010. O desenvolvimento de Eurico o colocou na disputa para ser o melhor jóquei em Woodbine e o classificou entre os 15 melhores atletas da América do Norte.

Mas seu adversário, Patrick Husbands, estava se recuperando, e Eurico começou a se preocupar com seu desempenho.

Uma tarde, no vestiário dos jóqueis, ele pediu conselhos a Sandy Hawley. Hawley foi o principal jóquei na América do Norte durante a década de 1970 e um dos maiores jóqueis a competir no Canadá. Quando se aposentou em 1998, tornou-se embaixador do Ontario Jockey Club. Eurico pediu a Hawley que o observasse nas corridas para ver se conseguia detectar o que estava fazendo de errado. Hawley disse a Eurico para não mudar nada.

"Eurico", disse ele, "você tem a incrível habilidade de fazer os cavalos correrem da melhor maneira possível. Continue do mesmo jeito que o levou ao topo. Continue correndo assim e as vitórias virão. Os treinadores amam a maneira como você monta, quer você veja isso em si mesmo ou não."

Eurico também se sentia preocupado com as constantes penalidades impostas a ele pelos juízes de corridas de Woodbine por seu estilo agressivo de montaria. Mais uma vez, ele pediu conselhos a Hawley.

"Quando você é um líder", disse Hawley, "todo mundo quer derrubá-lo. Apenas se concentre em sua montaria e não discuta. Se você discutir, eles vão cair em cima de você com mais força."

CAVALGANDO PELA LIBERDADE

Eurico seguiu o conselho de Hawley a sério e, naquele ano, ganhou o primeiro dos seus sete *Sovereign Awards* como Melhor Jóquei do Canadá. "Nunca esqueci as palavras de Sandy", diz ele. "Ainda somos bons amigos."

Em 13 de junho, Eurico levou o Big Red Mike à vitória na *Plate Trial Stakes*. Nas três semanas seguintes, ele montou cavalos diferentes em nove grandes prêmios. Na sufocante tarde de 4 de julho, ele subiu novamente no Big Red Mike para competir contra outros 12 cavalos pelo *Queen's Plate*. Pela quarta vez em 51 anos e pela primeira vez desde 1997, a Rainha Elizabeth veio a Woodbine para assistir a corrida pessoalmente.

Para se preparar para a corrida, Eurico trabalhou muito nas sessões de taekwondo com o mestre Sealy. Ele também começou o treinamento de ioga e praticou técnicas de visualização, conduzindo a corrida em sua mente por cinco ou dez minutos, "não pensando em vencer, apenas para me acostumar com o ambiente", diz ele. Foi a 10ª corrida do dia. Eurico havia concorrido nas primeiras nove corridas daquela tarde, com uma vitória na primeira corrida do dia.

Agora, a caminho do partidor, Eurico se abaixou para falar com o Big Red Mike. Apesar da sua forte exibição nas *Plate Trial Stakes*, Big Red Mike era apenas o terceiro cavalo favorito, com chances de vitória de 5-1. O quarto favorito, Hotep, seria montado por Patrick Husbands, que também estava competindo contra Eurico como Jóquei Campeão do Ano. "Meu amigo", disse Eurico ao cavalo, "vamos dar o nosso melhor. A rainha está aqui. Sem pressão."

O cavalo levou a sério as palavras de Eurico. Liderando desde o início, Big Red Mike entrou na reta final à frente dos adversários e, depois que Hotep começou a disputar mesmo com ele, tirou um corpo de vantagem antes da chegada, para cruzar a linha em primeiro lugar.

"Seu cavalo é muito impressionante", disse a Rainha a Eurico durante as cerimônias após a corrida. "Ele liderou por todo o trajeto."

"Sim", disse Eurico, maravilhado que um menino de Buri, no interior do Brasil, pudesse estar falando agora com a Rainha da Inglaterra, "ele é um cavalo muito talentoso."

Alexandrea Tersigni também estava feliz por Eurico. "Eu estava gritando e chorando", falou ela mais tarde, "pulando para cima e para baixo." Ela lhe deu um grande abraço no caminho para o vestiário dos jóqueis.

Com a vitória, Eurico se tornou o primeiro jóquei desde 1993 a ganhar consecutivos *Queen's Plates*. Quanto ao Big Red Mike, que recebeu o nome de um sobrinho ruivo do seu dono, Dom Romeo, de mais de 1,80 metros, ele ganhou o *Sovereign Award* 2010 como Cavalo Campeão de Três Anos do Sexo Masculino.

Eurico e Claudia haviam se mudado, naquele ano, para um bairro no subúrbio oeste de Toronto. Quando ele chegou em casa naquele dia, encontrou sua casa enfeitada com flores e balões, e uma multidão de vizinhos que vieram se juntar a Claudia para comemorar sua vitória.

O *Queen's Plate* deu a Eurico um descanso das suas preocupações pessoais, mas não durou muito. Quando ele contou ao seu terapeuta que não estava feliz com seu casamento, o psicólogo pediu que Eurico se abrisse e articulasse as emoções que ele mantinha reprimidas dentro de si.

Quando voltou para casa, fez o que o médico sugeriu. "Eu disse a mim mesmo, sou infeliz neste casamento."

Claudia parecia satisfeita com a união deles, mas Eurico se sentia diferente. Ela dependia dele para realizar as tarefas mais básicas. Ele se perguntava por que ela não havia tirado a carteira de motorista, por exemplo, para poder ir ao supermercado realizar compras. Em vez disso, ela confiava nele para fazer mercado depois que ele voltava para casa.

Nas semanas seguintes, Eurico mudou-se para o porão. Claudia começou a levar suas preocupações a sério. Ela tirou sua carteira de motorista. Ela encontrou emprego em uma empresa de cosméticos. Quando Eurico voltou para o andar de cima, ele contou a ela sobre a garota no Brasil. "Eu disse que a tinha visto três vezes", diz ele. "Mas eu pedi a Claudia que não me julgasse." Ele contou a ela sobre o progresso que tinha feito com seu psicólogo, a compreensão que ele ganhou da sua infância e a maneira como isso o levou, quando adulto, a compulsões sexuais que ele não conseguia explicar até agora e mal entendia. "Estou trabalhando nisso", revelou.

Por um tempo, pelo menos, a vida em casa melhorou. "As coisas aliviaram", diz ele.

Durante o resto da temporada, Eurico montou Big Red Mike e outros cavalos campeões como Eye of the Leopard, Fatal Bullet e Biofuel em corridas que ajudaram a aumentar seus ganhos, naquele ano, para quase US$ 9,1 milhões. Seu desempenho lhe rendeu o primeiro campeonato como Melhor Jóquei do Canadá, a primeira vez em três anos que a homenagem não fora conquistada por seu rival, Patrick Husbands. "Esse era o meu sonho", diz Eurico, "ser campeão." Ele não venceria o prêmio novamente até 2013, mas depois disso, ele o ganharia por cinco anos consecutivos.

Apesar de todas as suas conquistas naquele ano, Eurico deveria ter se sentido orgulhoso de si mesmo, mas não o fez. Ainda assim, ele se sentia uma fraude. Suas realizações não passavam de um engano. Ele poderia ter usado o manto de um campeão, mas este penderia sobre os ombros de um impostor. Na mente de Eurico, ele ainda era uma pessoa sem utilidade, que havia enganado o mundo por mais de 30 anos, acreditando que era digno da sua admiração. Como ele diz: "Eu ainda era um inútil."

Quando ele discutiu sua dura autoavaliação com seu terapeuta, o psicólogo disse que ele estava preso em um ciclo de vergonha, culpa e raiva. "Cada vez que você tem uma recaída, esses sentimentos se tornam mais fortes."

Quando Eurico dirigiu seu veículo BMW para Nova Iorque, no início de 2011, para correr por alguns meses no Hipódromo Aqueduct, no Queens, ele trouxe sua mente perturbada consigo. Apesar das melhorias em seu casamento e do apoio do seu psicólogo, ele ainda se sentia prejudicado por seus medos e ansiedade.

Alugando uma casa à beira do rio em Long Island, ele dirigia todos os dias para a pista, que foi inaugurada em 1894 e é a única pista de corridas dentro dos limites da cidade de Nova Iorque. Ele tentou se manter estável, mas vacilou quando sua asma aumentou. Nos meses seguintes, ele não conseguiu se ajustar à sua casa temporária e nunca se sentiu confortável em Nova Iorque, mesmo depois que Claudia se juntou a ele por algumas semanas, em fevereiro.

"Eu estava tentando me adaptar", diz ele. Mas ele queria voltar para casa.

Certo dia, em uma visita a Manhattan, ele e Claudia pararam na Penn Station para ouvir um músico tocando violino.

Atrás do músico, Eurico avistou a placa familiar de uma cafeteria Tim Hortons. Ele correu para a loja. "Ei, eu também sou do Canadá!", exclamou para o assustado caixa.

Eurico só atingiu seu ponto de ruptura em Nova Iorque quando um cavalo teve um ataque cardíaco durante uma corrida e caiu em cima dele. "Achei que tivesse quebrado minha clavícula."

Naquele dia, voltando para sua casa, ele decidiu deixar Nova Iorque e retornar para o Canadá. Dezesseis anos antes, ele havia tentado duas vezes emigrar do Brasil para os EUA para poder correr em Nova Iorque. As rejeições do seu pedido pelo governo dos EUA o aborreceram na época. Agora, ele mal podia esperar para sair do país. Alguns dias depois, olhando no espelho retrovisor ao voltar para casa, Eurico deu um suspiro de alívio ao ver o horizonte da cidade de Nova Iorque se distanciar atrás dele. Na fronteira, ele mal conseguia parar de dizer ao oficial da alfândega canadense o quanto se sentia feliz por estar em casa.

De volta a Toronto, ele conheceu pessoalmente seu psicólogo e disse-lhe que sua ansiedade havia se tornado insuportável. Eurico pediu ao médico que prescrevesse um remédio que o aliviasse. Mas, em vez de prescrever medicamentos, o psicólogo disse que ensinaria a Eurico uma técnica que não apenas aliviaria sua ansiedade, mas também mudaria sua vida. "Sua ansiedade pode piorar antes de melhorar", disse o médico, mas se ele perseverasse, alcançaria os resultados que desejava.

Para começar, ele falou a Eurico para revisitar a criança que tinha visto durante suas visitas iniciais no ano anterior. Mais uma vez, Eurico imaginou um bebê feio e malformado que parecia estar enterrado em esgoto e fezes. O psicólogo disse a ele para não manipular a imagem em sua mente, mas para experimentar as emoções da criança, entender seu sofrimento e tratá-la com compaixão. "Diga que ele está bem, que você estará lá para cuidar dele, todos os dias."

O médico preveniu que, para ser o melhor que podia, Eurico precisava ter calma. "Essa técnica vai lhe trazer tranquilidade."

Apesar do impacto desagradável, Eurico manteve o exercício, fazendo-o diariamente. De início, sua ansiedade se intensificou e sua asma piorou. "Eu estava repetindo as lembranças", diz ele. "Eu podia sentir como minha raiva distorcia meus pensamentos e distorcia minha própria imagem. Eu estava fazendo tudo de novo. Cada vez que eu imaginava a criança em minha mente, o cheiro voltava para mim."

Em abril, ele começou a sentir uma ligeira melhora em ambas as condições. "Você fica ciente do que realmente aconteceu", diz ele. "A mente se ajusta de forma gradual. Você começa a ver de onde vêm a culpa e a vergonha. Eu pensava que era uma pessoa má, mas isso não era verdade."

Embora ainda não entendesse totalmente a maneira como sua infância o afetara quando adulto, ele percebeu mais claramente do que nunca que tinha sido um homem raivoso. Ele estava avaliando a maneira como sua raiva o havia afetado um dia, quando se olhou no espelho. Olhando para trás, ele era um homem usando três correntes de ouro no pescoço e duas pulseiras de ouro no pulso esquerdo. "Não sou eu", disse a si mesmo. "Estou tentando ser alguém que não sou." Ele removeu as joias e nunca mais as usou. "Comecei a me reconstruir desde o início."

Em agosto, Claudia descobriu que estava grávida. Determinado a fazer tudo o que pudesse para ajudá-la a dar à luz, ele disse a ela para parar com suas obrigações. Ele faria qualquer coisa que ela quisesse. Ele limparia a casa. Ele prepararia refeições. Quando Claudia disse que queria assistir a filmes chineses, ele dirigiu pela cidade para comprar DVDs. "Eu só queria que nosso bebê nascesse saudável", diz ele.

De fato, o bebê nasceu em melhores condições do que Eurico nascera.

Na oitava corrida, em 15 de outubro, ele estava montando um cavalo chamado Aldous Snow, da Fazenda Sam-Son, na *Cup and Saucer Stakes* de 14 cavalos. Para Aldous Snow, era apenas a segunda corrida em uma carreira de sete anos em que o cavalo castrado ganharia mais de US$ 760.000. O cavalo fora treinado para Sam-Son Farm por Malcolm Pierce, que era um bom amigo de Freddy, o agente de Eurico. Eurico havia se mudado para a cocheira de Pierce depois de se separar de Reade Baker. "A pressão com Reade era enorme", diz ele. "Minha ansiedade e compulsão por sexo pioraram. Eu precisava de uma mudança."

Com Pierce, que administrava sua cocheira com a ajuda da sua esposa, Sally, Eurico se sentia aliviado. "A cocheira deles era como um santuário. Não havia pressão. Depois de fazer o que ele queria no treino, ele deixava você montar à vontade na corridas."

Eurico também mudou de agente naquele ano, encerrando seu relacionamento com Don Parente e começando um novo com Tom Patton. Patton era um bom amigo de Malcolm Pierce e também convenceu vários outros treinadores de primeira linha, incluindo Catherine Day Phillips, Kevin Attard, Mark Casse e Roger Attfield, a contratar Eurico. Para Phillips, ele levaria o cavalo Neshama à vitória em 2016 na *Woodbine Oaks* de US$ 500.000, a corrida mais importante para éguas de três anos nascidas no Canadá, e venceria o mesmo evento novamente dois anos depois em Dixie Moon. Ele montou Calgary Cat, chamado o Melhor Velocista do Canadá em 2014, para Kevin Attard, assim como Melmich, um cavalo castrado recordista que ganhou um total de US$ 1,4 milhão em sua carreira de sete anos.

Quando Jim Bannon disse que estava preocupado com todas as mudanças na vida profissional de Eurico, e especialmente com sua saída do estábulo de Reade Baker, Eurico falou para seu amigo não se preocupar. "Estou seguro de que tudo vai voltar", disse a ele. E estava certo. Mas isso não aconteceu até alguns meses após a *Cup and Saucer Stakes*. Estava chovendo e a grama estava escorregadia. Diante de Eurico e de Aldous Snow, um outro cavalo quebrou a perna na sua frente e, no desespero, deu um coice com a pata traseira e atingiu Eurico, quebrando-lhe também a perna. E esse foi o fim da sua temporada.

Mesmo em uma temporada que terminou prematuramente, Eurico ainda registrou 136 vitórias em 809 partidas e ganhos de US$ 6,6 milhões. Depois de se recuperar da lesão, com a ajuda de Mestre Sealy, seu *personal trainer*, Eurico voltou com força total em 2012, iniciando uma sequência de oito anos consecutivos em que registrou uma porcentagem de vitórias de 20 por cento ou mais. Em cinco dos últimos seis anos, ele ganharia o *Sovereign Award* como Melhor Jóquei do Canadá, perdendo apenas uma vez, em 2014, para Patrick Husbands. Em 2017, ele conquistaria o título do *World All-Star Jockeys Challenge* contra jóqueis da França, Austrália, Hong Kong, Reino Unido e Japão, no Hipódromo de Sapporo, no Japão. Em 2018, um ano antes de se aposentar, ele bateria um recorde de 237 corridas, quebrando o recorde anterior de 221 vitórias estabelecido em 1991.

CAVALGANDO PELA LIBERDADE

Seu desempenho na pista estava longe da sua cabeça quando Claudia deu à luz, em 18 de abril de 2012, seu filho, William, em homenagem ao amigo de Eurico em Cingapura. No momento em que o viu, ele chorou de alegria. "Foi o dia mais feliz da minha vida." Ele ficou aliviado ao ver, também, que William era um bebê saudável e robusto. "Ele tinha bons músculos."

Mesmo com um bebê em casa, as diferenças entre Eurico e Claudia persistiam. "Estávamos em lados opostos não de um rio, mas de um mar", diz ele. "Éramos apenas diferentes. A única coisa que nos mantinha unidos era o nosso filho."

Com sua vida em casa se deteriorando em uma provação estressante, Eurico esperava todos os dias ir trabalhar, onde a atmosfera na pista parecia tranquila, em comparação. Ele havia se estabelecido como um jóquei vencedor, montando os cavalos mais promissores para os principais treinadores do Canadá. Em junho de 2012, Eurico havia montado um cavalo chamado Jenna's Wabbit, treinado por Ralph Biamonte, para a vitória nas apostas *Bold Ruckus* de US$ 125.000, e estava trabalhando com um cavalo em uma manhã de sábado na cocheira do treinador quando ouviu uma conversa entre Biamonte, um veterinário, e o dono de um cavalo que tinha quebrado a perna. Quando Biamonte disse ao proprietário que o cavalo de quatro anos cujo nome era Hawk's a Blur tinha apenas 50 por cento de chance de voltar às corridas, o proprietário instruiu o treinador a sacrificá-lo. "Aquele cavalo sempre foi cheio de vida", diz Eurico, "mas ali estava ele, de cabeça baixa, olhos baixos. Tocou meu coração."

Quando o dono saiu, Eurico perguntou ao veterinário sobre quais eram as chances do cavalo se ele passasse o resto da vida em uma fazenda. O veterinário respondeu que eram muito boas. Com a bênção do proprietário e a permissão de Biamonte, Eurico contatou Vicki Pappas, fundadora do LongRun Thoroughbred Retirement Society, e providenciou uma cirurgia na perna de Hawk's a Blur. Ele pediu a ela que encontrasse uma van para transportar o cavalo para o Hospital Milton Equine e um cirurgião que pudesse fazer a operação. "Faça o que você precisa fazer", disse ele. "Vou te enviar um cheque."

Uma semana depois, quando foi visitar o cavalo, Eurico notou que Hawk's a Blur estava se recuperando bem. A sociedade acabou encontrando um lar para ele em uma fazenda perto de Erin, ao norte de Toronto. Mas, até hoje, diz Eurico, ele não sabe quem doou a van para transportar o cavalo até o hospital.

Com o passar do tempo, Eurico não conseguiu evitar que a sua infelicidade em casa influenciasse sua vida na pista. Ele permaneceu se encontrando com seu psicólogo e se aprofundando em seu passado, mas o processo era lento e não gerava resultados imediatos. Eurico continuou lutando contra a insegurança e convencido de que era uma fraude. O suicídio nunca esteve longe da sua mente, nem a compulsão de visitar prostitutas para fazer sexo. Em 2014, ele atingiu outro ponto baixo. "Foi o pior ano da minha vida", diz ele.

Tudo começou ruim e piorou com o passar do ano. Depois de fazer um exame de sangue obrigatório antes do início da temporada de 2014, ele se encontrou com seu médico pessoal, que disse ter algumas preocupações sobre o coração de Eurico e o encaminhou a um especialista. O cardiologista fez uma ressonância magnética, um eletrocardiograma e um teste de esforço, e concluiu que Eurico tinha uma infecção no sangue. Seu coração estava trabalhando a apenas 75 por cento da sua capacidade, disse ele, e então perguntou a Eurico se ele estava feliz. Em vez de responder ao médico sobre os impulsos suicidas e as forças que o levaram aos encontros sexuais compulsivos, Eurico respondeu: "Estou feliz, sim." O médico falou: "Então, continue montando."

Em casa, Eurico disse a Cláudia que achava que eles deveriam procurar ajuda para salvar o casamento. "Pedi a ela que fosse ao psicólogo, sozinha, para aprender a lidar com um louco como eu", conta. Ela concordou, mas não visitou o terapeuta mais do que algumas vezes. "Então sugeri um conselheiro matrimonial." Eles fizeram duas visitas a um conselheiro, mas Claudia não viu nenhum valor no processo e não quis continuar. Da sua perspectiva, o casamento proporcionava estabilidade e segurança.

Eles ainda não haviam resolvido suas dificuldades quando Eurico soube, no final do ano, que Alexandrea Tersigni estava morrendo. Agora com 21 anos, ela era amiga de Eurico e sua fã mais apaixonada há sete anos. Ela havia o consolado durante seus momentos mais conturbados, e ele tinha sentido grande conforto com a presença dela em sua vida. Quando foi visitá-la na casa dos pais dela, levou vários livros sobre a natureza. "Estou tão assustada", ela comentou. Eurico tentou distraí-la dos seus medos. "Concentre-se nos pássaros e cavalos", disse ele.

Eurico terminou a temporada com 150 vitórias em 739 partidas, um número expressivo, mas ainda aquém das suas aspirações. Então ele voltou toda sua atenção para seus assuntos domésticos. Sua vida com Claudia não havia melhorado quando ele sugeriu, em janeiro, que tentassem mais uma vez salvar o casamento. "Eu falei: 'Vamos dar uma última chance'."

No início do mês de janeiro, eles voaram para São Paulo. Enquanto Claudia, que se sentia apavorada com as estradas, voava mais ao sul para Balneário Camboriú, Eurico dirigiu 440 quilômetros para se juntar a ela. Apesar do ambiente relaxado, a tensão entre eles permaneceu. "Éramos como colegas de quarto."

Certa manhã, seguindo sua rotina diária de taekwondo e meditação na praia, Eurico recebeu a notícia de que Alexandrea Tersigni havia morrido. Ele decidiu que dedicaria o ano à memória de Alexandrea, atingiria seu objetivo de se tornar o maior jóquei em Woodbine e entregaria o troféu do *Sovereign Award* aos pais dela, Enzo e Rose. "Eles passaram pelo inferno", diz ele. "Eles realmente sofreram muito."

Com o passar de duas semanas, as férias na praia não melhoraram a relação entre Claudia e Eurico. O casamento acabou. Eles teriam que se divorciar. Não tinham outra escolha.

Enquanto Claudia esperava pelo seu voo, Eurico deu início à longa viagem de volta a São Paulo, onde os dois planejavam ficar com seu amigo Luis Duarte e sua esposa, antes de voltarem para o Canadá. Casado e com dois filhos, Duarte havia desistido da vida que levava de carros velozes e mulheres disponíveis, e agora concentrava sua atenção em ser um bom pai.

Eurico estava dirigindo há quase seis horas, remoendo seu casamento em ruínas e a tristeza que sentia com o fim dele, ao passar pelos morros acidentados perto de Santa Rita do Ribeira, ao sul de São Paulo. Sua tristeza o levou a examinar mais uma vez suas próprias deficiências, sua dúvida e sua incapacidade de controlar seu comportamento compulsivo. Vagamente, ele ouviu uma voz em sua cabeça lembrando-o do seu envolvimento com prostitutas. A voz lhe disse que ele era um homem ruim e pediu-lhe que não arruinasse a vida do seu filho, como seu próprio pai arruinou a dele. À medida que a voz se tornava mais forte e irresistível, disse a Eurico para se matar. Vendo um penhasco à sua frente, Eurico pressionou o pedal do acelerador até que a velocidade do carro atingisse 180 quilômetros por hora. Ele se preparou para dirigir até a face da rocha, cruzando a estrada para a pista em sentido contrário, quando uma imagem do seu filho, William, apareceu na sua mente. Com segundos de sobra, ele tirou o pé do acelerador, girou o volante e conduziu o carro de volta para a direção norte.

No apartamento de Duarte, em São Paulo, Eurico contou ao amigo sobre sua decisão de se divorciar de Cláudia. Duarte disse que não estava surpreso, havia percebido grandes diferenças entre eles. Eles não pareciam ter um casamento confortável.

De volta ao Canadá, Eurico e Claudia iniciaram o processo de separação e divórcio. Eurico alugou um apartamento a cerca de três quilômetros de casa no extremo oeste de Toronto, onde Claudia permaneceu com William. Para Claudia, o divórcio foi inesperado. Ela não tinha visto os mesmos problemas que Eurico em seu casamento, e estava infeliz por eles estarem se separando. Como ela já estava magoada, seu psicólogo disse a Eurico para não aumentar a dor dela se envolvendo com outras mulheres, mas para tornar isso um "bom divórcio". Eventualmente, preveniu, Eurico começaria um novo relacionamento com outra mulher. Quando o fez, o médico o incentivou a se abrir com ela, a falar francamente com ela sobre sua vida interior. "Se você se sentir triste com alguma coisa, você tem que dizer a ela."

Nesse ínterim, sob a orientação do seu psicólogo, Eurico continuou a conduzir sua jornada pessoal de autodescoberta, confrontando o garotinho que ele tinha visto tantas vezes em sua mente e tentando interpretar as lições que ele encontrou lá.

Como fazia todos os anos, Eurico estabeleceu metas para si mesmo no início do ano. O estabelecimento de metas permitia que ele medisse seu progresso no período e avaliasse seu desempenho. Depois de se mudar para seu novo apartamento, ele pediu a Tila Silvero, sua consultora de feng shui, para aplicar os princípios da sua prática para alinhar a energia da sua casa de forma positiva. Ele também discutiu com ela seus dois objetivos para o ano: ser um jóquei campeão e encontrar uma mulher que pudesse compartilhar sua vida com ele. Tila lhe disse para não se preocupar em procurar a pessoa certa. "Você a reconhecerá quando a encontrar", disse ela, "mas você tem que esperar até que ela apareça em sua vida." Tila também o encorajou em sua busca para se tornar um jóquei campeão. Na verdade, quando ela terminou, Eurico se sentiu tão energizado que decidiu não apenas se tornar um campeão, mas também quebrar recordes. "Todos os pensamentos ruins sobre mulheres e sexo desapareceram", diz ele.

Na primeira sexta-feira de abril, pouco antes do início da temporada, Eurico compareceu ao jantar do *Sovereign Award* na pista de corrida. Ele estava conversando com o gerente da Fazenda Sam-Son, que o apresentou a uma mulher ruiva que irradiava energia positiva. "Você não me conhece", disse ela a Eurico, "mas eu sou a cirurgiã que operou Hawk's a Blur."

"Eu não podia acreditar", diz Eurico. "Então, começamos a conversar."

O nome da mulher era Orlaith Cleary. Nascida na Irlanda, filha de um veterinário, Cleary havia estudado em Dublin e obtido pós-graduação na Geórgia e na Flórida antes de vir para o Canadá, em 2010, para trabalhar no Milton Equine Hospital.

"Eu nunca conheci um jóquei que pagou uma conta de caridade por uma cirurgia", disse Cleary em uma entrevista a uma revista.

Quando Eurico a convidou para sair pela primeira vez, ela recusou o convite, supondo que ele ainda fosse casado. Mas ele persistiu, finalmente mencionando a Orlaith que seu casamento havia terminado. Por fim, ela concordou em jantar com ele. Naquela noite, durante o jantar e mais tarde em seu apartamento, Eurico contou a ela sobre seu trabalho com seu psicólogo para lidar com suas compulsões sexuais. Ela foi compreensiva e disse que entendia suas preocupações e admirava sua determinação em abordá-las. Eurico contou a ela sobre seu filho, William, e disse que sua primeira prioridade na vida era arranjar tempo para visitá-lo. Ele também disse a ela que não poderia morar em uma casa a menos que tivesse sido alinhada por um praticante de feng shui. "Fora isso, sou tranquilo."

Depois de conhecer Orlaith, Eurico contatou Tila Silvero, sua consultora de feng shui, e disse a ela que ele não conseguia tirar a voz de Orlaith da sua cabeça. "Esta pode ser a escolhida!", Tila falou.

Uma semana após o início da temporada de corridas, Eurico se reuniu com outros membros da comunidade de corrida de Woodbine, incluindo o capelão da pista, para uma cerimônia para celebrar a vida de Alexandrea Tersigni. A cerimônia incluiu um momento de silêncio e uma oração do capelão. As cinzas de Tersigni foram, então, espalhadas sobre a extensão do gramado do E.P. Taylor.

"Este é um dos motivos pelos quais sempre voltarei a Woodbine", diz Eurico. "Para que eu possa ficar perto de Alexandrea."

Com o apoio de Orlaith, Eurico colocou foco em suas ambições na pista. Ele refinou sua dieta e adotou técnicas de visualização para se manter relaxado. Ele continuou a recuar em sua mente até sua infância, em busca de boas lembranças do menino que morava ali. Às vezes demorava duas horas, mas eventualmente ele se via jogando futebol, nadando e se divertindo. O menino triste estava desaparecendo. Na pista, ele disse ao seu valete, no vestiário dos jóqueis, para lembrá-lo de se concentrar. Nick foi seu valete por quase 13 anos, polindo suas botas e arrumando as fardas de que precisava para cada corrida. Eurico precisava ficar quieto dentro do vestiário para que pudesse se concentrar em vencer. Se Nick o visse conversando ou brincando demais com outros jóqueis, deveria chamar Eurico de lado e dizer a ele para se concentrar. Naquele ano, com 202 vitórias em 813 partidas e ganhos de US$ 7,8 milhões, Eurico cumpriu sua promessa de ganhar outro *Sovereign Award*, que entregou a Enzo e Rose, em memória da sua filha.

No fim do ano, Eurico voltou ao Brasil para competir no Tour das Estrelas em Porto Alegre, capital do Rio Grande do Sul. Realizado no Hipódromo do Cristal, o evento trazia de volta ao seu país 10 jóqueis brasileiros experientes que haviam corrido no Canadá, Estados Unidos, Reino Unido, Argentina e Dubai, para competir em quatro corridas. Quando chegou ao Brasil, Eurico ligou para o pai, ainda esperando sua aprovação. "Você nunca me viu montar", disse a ele. Ele preveniu que provavelmente nunca mais correria no Brasil e pediu ao pai que fosse a Porto Alegre para assistir às corridas. Quando se ofereceu para pagar uma passagem de avião, seu pai disse que nunca tinha andado em aeronaves e não queria voar. Eurico se ofereceu para contratar um motorista para levar seu pai, mas seu pai disse que estava muito ocupado e não podia perder tempo fora do trabalho.

A essa altura, Eurico havia tentado, durante anos, provar ao pai que era um filho digno. Ele mantinha contato durante todos os anos, enquanto corria em Macau e no Canadá. Ele ligava para seu pai sempre que voltava para o Brasil. Seu pai, agora, tinha mais três filhos, meios-irmãos de Eurico, e ele se ofereceu para ajudar seu pai a providenciar-lhes um bom lar. Dois anos antes, havia se oferecido para comprar uma nova casa para seu pai, em Buri. Quando o pai disse que não queria sair da casa atual, Eurico pagou para reformar o local, instalando uma nova cozinha, substituindo janelas e portas e comprando novos móveis. Um ano depois, quando foi para Buri, Eurico visitou a casa. "Meu pai não cuidou de nada", diz ele. "Estava nas mesmas condições da casa antiga. As paredes estavam cobertas de marcas e sujeira. Havia cocô de cachorro na casa. Foi terrível." Ainda assim, Eurico não desistiu de tentar se provar para seu pai.

Depois das corridas em Porto Alegre, ele voou para São Paulo, onde ficou alguns dias antes de voltar para o Canadá. Enquanto ele estava lá, recebeu um telefonema de uma tia de Buri, que disse que um dos três meios-irmãos de Eurico estava drogado com cocaína e fora pego roubando. Seu meio-irmão tinha 15 anos e estava preso em um reformatório em

São Paulo. Eurico o visitou e disse que o ajudaria a se libertar se ele prometesse nunca mais infringir a lei. Eurico contratou um advogado criminal, que levou quase quatro semanas para garantir a libertação do seu meio-irmão do estabelecimento. Nesse ínterim, Eurico voltou a telefonar para o pai e sugeriu que ele fosse a São Paulo visitar o filho na prisão. "Eu disse que era importante que ele se sentisse apoiado. É uma coisa psicológica." Mas seu pai respondeu que estava muito ocupado para visitá-lo.

Antes do início da temporada de 2016, em Woodbine, Eurico passou um mês em Hong Kong, competindo no Hipódromo Happy Valley. Com seu apoio e incentivo, vários jóqueis brasileiros já haviam se mudado para Hong Kong, entre eles João Moreira, o então campeão. "Quando estava morando em Macau, há mais de 10 anos, vinha aqui apenas para assistir às corridas", disse Eurico a um repórter de um jornal local, "e prometi a mim mesmo que iria trabalhar muito para um dia montar aqui."

De volta ao Canadá, Eurico e Orlaith se casaram em outubro de 2016. "Acho que ele gostou de mim", disse Orlaith em uma entrevista, "porque ele me convidou para sair, e agora estamos casados. Eu não previ isso quando apertei a sua mão."

Quando a filha deles, Amélia, nasceu no ano seguinte, em julho, Eurico decidiu, de uma vez por todas, romper a relação com o pai. "Eu olhei para minha filha. Ela parecia tão frágil. Eu pensei, *Eu não posso mais fazer isso. Eu tenho que ficar longe desse cara.* Foi a melhor decisão que já tomei." Ele também contatou a babá que cuidou dele quando era criança em Buri. Ele disse que sabia que ela havia sofrido um terrível trauma emocional durante aqueles anos. Ele a incentivou a consultar um psicólogo e disse que pagaria pelo tratamento. Ainda atormentada pela ansiedade, ela continua em terapia, e Eurico continua a cobrir os custos.

Recém-casado, com uma nova filha e com o trabalho em andamento com seu psicólogo, Eurico se sentia mais positivo e fundamentado do que nunca na vida, e isso transparecia em sua atuação nas pistas. Seus ganhos em 2017, de US$ 8,5 milhões, foram mais altos do que qualquer outro ano, exceto um, e sua porcentagem de vitórias de 25 por cento antecipou uma sequência de cinco anos que incluiria uma incrível porcentagem de vitórias de 28 por cento em 2018 e terminaria apenas quando Eurico se aposentasse em 2019, após vencer 24 por cento das suas corridas naquele ano, o primeiro jóquei na história da Woodbine a se aposentar em uma temporada em que era o principal jóquei. Seu último ano incluiria uma vitória por meio corpo com El Tormenta, um azarão, por 44-1, na *Woodbine Mile*, a única corrida importante que ele não ganhava desde sua chegada ao Canadá, 16 anos antes.

Em agosto de 2017, ele conquistou o *World All-Star Jockeys Challenge*, no Japão. Mais perto de casa, ele foi introduzido no *Etobicoke Sports Hall of Fame*, "uma honra que me fez sentir bem-vindo em minha comunidade como um recém--chegado ao Canadá", diz ele. No final da temporada, ele ganhou 28 grandes prêmios e terminou em segundo lugar no *Queen's Plate*, em junho. Muitas dessas vitórias vieram de um grande e temperamental cavalo castrado de pelo alazão chamado Pink Lloyd, do estábulo do treinador do hall da fama Robert Tiller. Invicto em oito partidas iniciais em 2017, Pink Lloyd foi nomeado Cavalo Canadense do Ano e ganhou dois outros *Sovereign Awards* naquele ano, e receberia US$ 1,4 milhão em sua carreira para um sindicato de proprietários liderado por Frank Di Giulio, que havia comprado o cavalo em leilão em 2013, por cerca de US$ 30.000.

Em 2018, Eurico estava contemplando sua aposentadoria em dois anos, embora não tivesse conversado sobre isso com ninguém além da sua esposa e seu psicólogo. Com Orlaith, ele havia discutido seu plano de tornar os últimos anos da sua carreira tão produtivos quanto possível. Eles agora tinham duas filhas, Amelia e Isabelle. "Orlaith garantia que eu estivesse feliz e tudo estivesse tranquilo para vir para as corridas e correr bem", disse ele. "E quando tenho dias ruins, ela me pressiona muito para ficar de bom humor, e cada dia tem sido um grande dia para nós."

Naquele ano, Eurico venceu 237 corridas, quebrando um recorde estabelecido em 1991. Ele fez isso com a ajuda de um agente chamado Mike Luider, que entrou para representar Eurico depois que Tom Patton sofreu uma lesão debilitante em um acidente e passou o ano se recuperando. Com o apoio de Luider, Eurico continuou a montar para treinadores de grandes cocheiras, como Robert Tiller, Catherine Day Phillips, Mark Casse e Roger Attfield, mas também montou para treinadores como Norm McKnight, que ele conhecia desde que havia chegado em Woodbine.

Também naquele ano, um telefonema de um amigo que sabia sobre a luta de Eurico para superar seus demônios lhe deu um vislumbre da sua próxima carreira. O amigo estava envolvido com várias equipes esportivas profissionais. Pediu a Eurico que conversasse com um jogador de uma das equipes. "Mostre a ele o que um verdadeiro profissional precisa fazer para ter sucesso."

"Nunca se sabe", acrescentou o amigo. "Isso pode levar você a outro caminho em sua vida."

Pouco tempo depois, Eurico se inscreveu em cursos para se tornar um *life coach*. "Até então", diz ele, "nunca tinha pensado nisso. Achei que não tinha as qualificações."

Após o nascimento da segunda filha de Eurico e Orlaith, em outubro de 2018, a mãe de Eurico veio para o Canadá e ficou com eles por oito meses. Para se aquecer durante o inverno, ela usou calças pela primeira vez na vida, violando os princípios da Igreja Apostólica de Santa Vó Rosa. Voltando ao Brasil, ela se sentiu tão culpada que sofreu ataques de pânico. Eurico usou suas habilidades de *life coach* para acalmá-la.

Com um casamento estável, uma nova família e planos de aposentadoria em vigor, não havia muitos desafios para Eurico superar, exceto aqueles em sua própria mente. Mas esses estavam se mostrando muito mais difíceis de conquistar do que qualquer corrida em sua carreira.

Nos primeiros meses de 2019, Eurico viajou ao Brasil para visitar sua mãe, irmã e irmão, em São Paulo. Enquanto ele estava lá, visitou Buri, onde viu seu pai, mas não falou com ele. Ele também sentiu uma compulsão irresistível, em Buri, de encontrar uma mulher. Na volta para São Paulo, marcou um encontro com uma prostituta, mas cancelou. *Por que eu faço isso?*, ele se perguntou. *Agora eu estou feliz.*

O ressurgimento dos seus velhos demônios o abalou. No dia seguinte, após visitar sua mãe, ele deixou o Brasil dois dias antes do previsto. No voo para casa, percebeu que o gatilho que desencadeou seus desejos compulsivos em Buri foi a visão do seu pai dirigindo uma caminhonete. Mas, mesmo ao pousar no aeroporto no Canadá, ele ainda se sentia impelido a fazer sexo. Controlando seus desejos, ele conversou com Orlaith, assegurando que sua afecção não tinha nada a ver com ela.

Depois de conversar com seu psicólogo, ele começou a trabalhar com determinação ainda maior para desfazer os nós que o prendiam tão fortemente à influência do seu pai e o impediam de viver sua vida como um homem livre. O psicólogo comparou as memórias traumáticas da sua infância a um abscesso em sua mente. O abscesso precisava ser retirado, disse ele, e assim que isso acontecesse, Eurico estaria livre. Para removê-lo, Eurico teria que avaliar, em detalhes, a influência do seu pai em sua vida. "Eu nunca quis culpar meu pai. Eu não tinha rancor por ele. Eu o perdoei." Mas em sua relutância em culpar seu pai pelos demônios que o afligiam, Eurico também havia escondido a verdade de si próprio.

O psicólogo lembrou a Eurico que seu pai havia influenciado a vida de outras pessoas além dele. "Você não está sozinho", disse-lhe.

Eurico pensou no irmão e na irmã, na mãe, nos meios-irmãos e na ex-babá. Todos eles haviam sofrido sob a influência do seu pai. Todos eles poderiam se apoiar mutuamente na recuperação dessa influência. "Percebi que, juntos, éramos mais fortes."

Perto do fim do mês, ele participou do primeiro dia de um curso de dois dias no escritório da Canada Coach Academy, perto da Universidade de Toronto. Com exceção de Eurico, todos no programa tinham diploma universitário. "Eu disse à instrutora que eu não tinha qualificações, meu inglês não era bom e não achava que estava preparado para fazer o curso. 'Não se preocupe', disse ela. 'Nós vamos te dar apoio'."

Após o segundo dia de curso, em 24 de fevereiro, Eurico iniciou a viagem de uma hora até a casa onde agora morava com Orlaith e suas filhas em Campbellville, a oeste de Toronto. Enquanto dirigia, ele sentiu uma onda de emoção tomar conta dele. Ele teve visões do menino em sua mente e começou a chorar. Ainda estava chorando quando chegou em casa. Orlaith estava ocupada e ele subiu direto para tomar um banho.

Ele ficou embaixo do chuveiro, perguntando-se por que isso estava acontecendo. Uma voz em sua cabeça disse: "Seu pai é um abusador." Eurico se questionou que evidência poderia encontrar para provar isso. A voz o lembrou de que ele havia pago por sessões com um psicólogo para a pessoa que seu pai tinha abusado. Diante dessa realidade, Eurico confirmava em sua mente, pela primeira vez na vida, a suspeita que alimentava desde criança: que José Maria, seu pai, havia abusado da sua ex-babá, que engravidou e desapareceu da vida de Eurico antes dos quatro anos. Por anos, ele havia se culpado, dizendo a si mesmo que, se ele não existisse, nada disso teria acontecido.

Eurico sentiu o abscesso da sua culpa deixando seu corpo, mas ainda estava chorando. *O que há de errado?*, ele se perguntou. A voz em sua cabeça respondeu: "Você é gay."

Sob o peso das suas emoções, Eurico caiu de joelhos e rastejou para fora do chuveiro. Ele respirou fundo várias vezes. Ele havia acreditado secretamente, durante toda a sua vida, que era gay, mas não tinha contado a ninguém sobre essa crença, exceto ao seu psicólogo e, mesmo assim, ele não havia explorado a possibilidade, simplesmente enterrado sua preocupação. Mas ele tinha aprendido em suas aulas de *coaching* a desafiar as crenças existentes, e agora, quando a turbulência se instalou em sua mente, ele fez exatamente isso. *Quando eu era criança*, ele se perguntava, *eu gostava de meninas ou meninos?*

Ele estava preparado para aceitar a dúvida, mas então se lembrou da paixão que teve por uma garota quando eles tinham cinco anos. Ele começou a suspeitar que sua confusão sobre sua sexualidade, até então incontestada, havia contribuído para sua compulsão sexual, como se através do sexo com mulheres aleatórias, ele pudesse refutar a crença que o assombrava.

Ainda refletindo sobre a causa da sua confusão, ele se lembrou de outra cena da sua infância, quando ele estava com quatro anos, lavando louça em casa, em Buri. "Meu pai entrou na cozinha e disse: 'Você quer ser uma garotinha?' Eu respondi: 'Não'. Ele agarrou a própria virilha e disse: 'É disso que você gosta. Você quer se entregar, mas não sabe como oferecer'. Ele estava tentando me humilhar."

Depois, ele se lembrou de fazer uma pergunta à sua mãe. "E se um menino desejasse ser uma menina?" Sua mãe olhou para ele, horrorizada. Ela disse que Santa Vó Rosa estava chorando porque ele havia feito essa pergunta. "Você vai para o inferno", disse ela. Então, Eurico se lembrou de ter saído dali. "A vida era miserável."

Agora ele via duas mãos segurando uma arma em sua cabeça. E, por mais que lutasse, Eurico não conseguia tirar a arma da mente.

"Comecei a me sentir exatamente como meu pai", diz ele. "Eu percebi que não era a mim que eu queria matar. Eu queria matar meu pai dentro de mim."

Ainda de joelhos, viu a imagem da Santa Vó Rosa. No passado, ele havia empurrado a imagem para fora da sua cabeça, mas então, ele a confrontou, perguntando aonde ela queria levá-lo. Ele a seguiu por um longo túnel até chegar a uma casa branca. "Eu reconheci a casa", diz ele. "Ficava do outro lado da rua da nossa casa em Buri, quando eu tinha quatro anos de idade. As pessoas que viviam lá eram pecadoras."

Eurico viu uma pessoa na janela. "Fiquei olhando para ela, com vontade de vomitar. Aquela pessoa era um homem feio, afeminado. Enquanto observava, percebi que aquela pessoa era eu."

Assim que ele se reconheceu, a imagem mudou. Agora Eurico se via brincando com os brinquedos que usava feitos com gravetos e cascas de melancia. "Foi tão pacífico", diz ele. Ele se lembrou da observação do seu psicólogo sobre a raiva, como ela distorce nossas percepções, como, no caso de Eurico, havia corrompido sua imagem de si mesmo como criança em uma criatura feia e repulsiva. Mas agora ele se via sob uma luz diferente, brincando com seus brinquedos, em paz e feliz por estar vivo. *Estou livre*, pensou ele.

Eurico se sentiu dominado pelo alívio. Pela primeira vez na vida, ele não sentia o peso da vergonha, da culpa e da dúvida sobre os ombros. Ele não se sentia mais uma fraude. Ele havia tirado sua vida das mãos dos demônios que a possuíram por anos. "Posso ter ganhado o *Queen's Plate* duas vezes e ter sido o melhor jóquei do país por anos, mas isso não foi nada se comparado a ganhar minha liberdade. Foi a maior conquista da minha vida."

Posteriormente, Eurico ligou para o irmão Rosalvo no Brasil para lhe contar a experiência, na esperança de que ele confirmasse alguns detalhes. Enquanto crescia, Eurico acreditava que Rosalvo era o filho predileto, que seus pais o amavam mais do que amavam Eurico. Embora tivesse mantido contato com seu irmão desde que tinha saído de Buri, Eurico nunca havia sentido que poderia se aproximar dele. Rosalvo tinha sofrido com ansiedade em toda a sua vida, para a qual tomava remédios, e havia tentado suicídio várias vezes.

Rosalvo parecia manter uma barreira entre eles, que Eurico nunca poderia ultrapassar. Eurico contou ao seu irmão sobre as imagens que passaram por sua mente enquanto lutava para se libertar da influência do seu passado. Ele contou também sobre a incerteza que sentiu sobre sua sexualidade e a memória do seu pai zombando dele na cozinha da sua casa. "Nosso pai fez exatamente a mesma coisa para mim", disse Rosalvo. Eurico não tinha ideia, na época, que sua conversa afetaria profundamente seu irmão.

Eurico também contou ao psicólogo sobre o episódio. Seu psicólogo disse: "Quando você está com raiva, você se volta contra si mesmo. É por isso que você sente uma compulsão por fazer sexo. É por isso que você fantasia sobre a arma. Você foi programado para se destruir. Você superou o efeito do trauma em sua vida porque fez o trabalho. Você é livre. Mas agora você substituiu a imagem da criança em sua mente. Como você continuará?"

"Sou uma pessoa curiosa", disse Eurico. "Eu sou uma boa pessoa. Eu sou inteligente."

"Ótimo", disse o psicólogo. "Agora você tem uma nova imagem de si mesmo. É muito importante que você substitua a imagem antiga por uma que seja positiva."

Em junho, dois dias antes do Dia dos Pais, Eurico recebeu um telefonema às duas da manhã, da sua irmã Rosa, em São Paulo. O irmão deles estava no hospital. Ele havia tentado se matar. Ela iria de avião para Pomerode, a cerca de 600 quilômetros ao sul de São Paulo, para visitar Rosalvo. Eurico disse à irmã para instar seu irmão a baixar a guarda, a articular os pensamentos que mantinha escondidos do mundo e a expressar seus medos e ansiedades.

Rosalvo cedeu e começou a revelar os segredos que carregava

consigo desde a infância. Ele disse à irmã que o pai deles havia abusado dele da mesma forma que tinha feito com Eurico. Mas ele esperou até conversar com Eurico para revelar mais.

Dois dias depois, no Dia dos Pais, Eurico ligou para o irmão, no Brasil. Rosalvo contou a ele sobre o abuso que sofreu nas mãos do seu pai e a dúvida que o atormentou quando adulto sobre o seu valor como pessoa. Ele disse que o pai deles havia questionado sua sexualidade, o chamado de menina e uma vez lhe disse para fazer sexo com um amigo do seu pai. Quando ele próprio se tornou pai, duvidou que pudesse cumprir adequadamente suas obrigações para com o filho. Depois que se divorciou da sua esposa, ele nunca poderia visitar seu próprio filho sem desmaiar. "São os segredos que você guarda dentro de você que o matam", disse Rosalvo.

Eurico perguntou ao irmão se o pai já havia abusado dele fisicamente. Rosalvo respondeu que não sabia. Se aconteceu, ele disse, não conseguia se lembrar, porque ele nunca poderia permitir que sua mente revisitasse a ocasião.

Quando a conversa acabou, Eurico se juntou a Orlaith e suas filhas na cozinha. Orlaith havia preparado uma refeição especial para celebrar o Dia dos Pais e as meninas estavam animadas. Mas Eurico não conseguiu compartilhar o clima festivo. *Não há nada para comemorar*, ele pensou.

Embora ele não se associasse mais à imagem em sua mente do bebê feio, ele continuou a pensar sobre isso, e principalmente, no cheiro de esgoto. Quando o cheiro ficou insuportável, ele lembrou da sua ex-babá no Brasil. Ela tinha 13 anos quando cuidou dele. Agora ela morava no interior de São Paulo. Eurico se lembrava de ter abraçado a ex-babá nas pernas. "Ela está me dando tapinhas na cabeça", diz ele. "É uma sensação reconfortante. É assim que me sinto perto dos cavalos."

Cinco anos antes, uma irmã da ex-babá havia o contatado para falar sobre os anos que a ex-babá passou com ele em Buri. Na época, Eurico não queria falar sobre aqueles dias. Mas, então, ele a chamou de volta.

Disse a ela que poderia contar o que aconteceu em detalhes, porque ele se lembrou de ter visto seu pai violando sua babá. A irmã disse a ele que o abuso começou quando a babá tinha 11 anos. Ela começou a sofrer ataques de pânico e convulsões. Seu pai estava preocupado que ela fosse para casa e contasse aos pais. Para evitar isso, ele foi até a casa dela e disse ao pai dela que ela estava dormindo em uma cama que ele havia comprado depois que o filho de um homem tinha morrido nela. Ele disse ao pai que o espírito do filho havia entrado no colchão. Foi assim que ele explicou os ataques de pânico e as convulsões.

A ex-babá nunca contou ao pai sobre os abusos. Ela estava com medo de que seu pai matasse o pai de Eurico, e ela não queria que Eurico sofresse.

Eurico disse à irmã que estava pagando os honorários de uma psicóloga que estava aconselhando sua ex-babá. Então a irmã dela disse que a ajuda psicológica era necessária, porque a ex-babá não só havia sido abusada pelo pai, mas também engravidado aos 13 anos e tinha abortado antes do nascimento da criança.

Eurico contou a ela sobre a imagem do bebê em sua mente. Ele disse que começou a juntar as memórias de discussões entre sua mãe e seu pai, e suas referências a um bebê. "Havia algo sobre um menininho no rio", disse ele.

"O que você lembra é verdade", disse a mulher, "mas não era um rio. Ela jogou o feto na privada."

Eurico estava pasmo. Até agora, ele não havia percebido por

que tinha associado a imagem do bebê com o odor de esgoto.

Depois de falar com a irmã da sua ex-babá, ele foi para o quintal. Respirou fundo o ar fresco e olhou para as árvores na floresta atrás da casa. "O cheiro estava lá, na minha mente", diz ele. "Mas, então, ele evaporou." Nunca mais lhe ocorreu. Agora, sempre que pensa no bebê, ele associa a imagem ao cheiro de limão fresco.

Eurico ficou com muita raiva, depois se sentiu culpado e envergonhado. Ele examinou esses sentimentos, identificando suas fontes, e concluiu que não tinha motivo para se sentir assim. Então, eles também desapareceram. E se virou para voltar para a casa.

Toda aquela raiva, ele pensou, *foi para lutar por amor. No final, foi tudo tão simples.*

Nas Bahamas: Eurico e Orlaith

EPÍLOGO

Desde sua aposentadoria em 2019, Eurico aplica o mesmo foco e determinação em sua nova vida como fez em sua carreira nas pistas, com uma diferença crucial: ele se libertou dos demônios que o perseguiram por quatro décadas. Ele não luta mais contra a vergonha, a culpa e as compulsões que incutiu em sua mente e espírito. Ele é um homem livre e feliz.

Ele mora em Campbellville, Ontário, a cerca de uma hora a oeste de Toronto, com Orlaith e suas filhas, Amelia e Isabelle, e sua cachorra Sabia. Sua casa fica em uma rua tranquila fora da cidade e tem vista para uma floresta onde Eurico faz longas caminhadas. Todos os dias, ele cuida de um grande jardim onde cultiva flores, cenouras, brócolis, alface, tomate, alho e ervas. A natureza o inspira.

"Orlaith ainda me ajuda", diz ele, "e ela me dá um apoio tremendo na minha aposentadoria. Sua dedicação ao trabalho e à família me inspira."

O relacionamento de Eurico com Claudia, sua primeira esposa, continua forte, repleto de amor e respeito. Ela mora com seu filho, William, em Toronto. Depois de treinar na Canada Coach Academy, também em Toronto, Eurico agora orienta vários atletas, ajudando-os a navegar no mundo enganosamente traiçoeiro dos esportes profissionais. Ele é um homem gentil e bom professor, e eles valorizam sua sabedoria conquistada com muito esforço. Para aprimorar suas habilidades de *coach*, ele está trabalhando para se tornar um mestre praticante de programação neurolinguística por meio da Avalon Empowerment.

Com o Mestre Shakeel, seu professor por quatro anos, ele abriu a Dragon Taekwondo Academy em Oakville, a oeste de Toronto. A escola enfatiza não apenas os aspectos físicos da arte marcial, mas também o condicionamento mental dos alunos.

Ele mantém contato com os amigos que o ajudaram ao longo da sua vida: William, em Cingapura, de quem deu o nome do seu filho; Jim Bannon, em Woodbine; e o psicólogo, em Toronto, que finalmente o ajudou a vencer seus demônios.

Ele conversa regularmente com sua mãe no Brasil e com Zeli Medeiros. "Ele me mostrou como um pai atencioso se comporta", diz Eurico. "Ele me ajudou a me tornar um pai bondoso."

Seu irmão Rosalvo está bem, e Eurico se corresponde regularmente com sua irmã Rosa, que teve uma filha no verão de 2020. Sua amizade com Duarte continua forte e ele conversa semanalmente com seu amigo Luis, em Itapetinga. Quando volta ao Brasil, visita sua professora do quinto ano, Dona Zelinda, em Buri. Mantém uma relação estreita com a família de Maurício Lima. Antes de se aposentar, eles vieram para o Canadá e ficaram com ele por um mês, depois que Maurício tragicamente se suicidou, em 2001. "Eles são como a minha família", diz ele.

Para dois dos seus três meios-irmãos, Eurico comprou lotes em Buri, onde podem construir casas. Ele continua esperançoso de que seu terceiro meio-irmão supere o vício em drogas, embora eles não se comuniquem há mais de um ano.

Eurico não fala com o pai desde 2016. "Eu o perdoo", diz ele. Mas ele não busca mais a aprovação do homem que causou tanto tormento em sua vida e na de muitas outras pessoas.

Ele se sente imensamente agradecido pelo apoio que recebeu na sua vida. O próprio Eurico expressa melhor a sua gratidão:

"Aos muitos proprietários, treinadores e cavalariços que me apoiaram ao longo dos anos e me ajudaram a ser um jóquei campeão, apresento a minha mais sincera gratidão.

"Obrigado a todos os treinadores mentais e psicólogos que me ajudaram a encontrar a minha liberdade.

"Minha profunda conexão com a natureza me trouxe paz e me fez sentir, finalmente, feliz por estar vivo. Considero essa felicidade, uma grande conquista.

"Gostaria de agradecer a todos os cavalos que montei por dar a oportunidade a um menino de Buri de conhecer Zeli Medeiros, que se tornou um pai para mim, e por me fornecer todas as amizades que consegui por toda a minha vida. Por causa deles, tenho pessoas que considero minha família estendida em todo o mundo e ganhei o dinheiro de que preciso para cuidar e sustentar minha própria família.

"Desde a minha infância em Buri, os cavalos têm me revelado, com o seu amor e compaixão, a liberdade que eu almejei na minha vida e que finalmente consegui."

A mãe, Aparecida, e a avó, Catarina, com Eurico